大夏书系·全国中小学班主任培训用书

# 班主任工作的30个典型案例

## （小学篇）

主　编／李秀萍

副主编／司学娟

华东师范大学出版社

全国百佳图书出版单位

# Contents
# ▌目 录

# 前 言

　　班主任是中小学的重要岗位，是中小学生健康成长的引领者。一个好的班主任，能将班级建设成为一个大家庭，学生们相互关心，相互帮助，共同成长。一个好的班主任，能走进每个学生的心灵，用仁爱点亮他们的内心世界。班主任工作具有独特的价值和意义，然而在现实工作中，班主任工作并非一马平川、鲜花铺就，尤其在信息化、全球化、多元化的时代，未成年人成长环境日趋复杂，班主任工作面临许多新问题、新挑战。

　　近年来，北京市海淀区的小学涌现出了一大批优秀班主任，他们面对班级管理中不断出现的新情况、新问题，不断加强自身的专业精神和专业基本功的修炼，将所学的教育学、心理学知识付诸实践，并在实际工作中不断总结反思。我们在收集大量优秀案例的基础上，精选了30篇立足实际、可读性强、引人深思的案例，以期引导班主任学会专业化地思考和决策。

　　本书包括6个主题——小学生习惯培养、幼小衔接、班级管理、关注青春期学生的变化、问题学生的教育、家校沟通，涵盖了班主任工作的基本内容。每个主题我们精选了生动感人的案例故事，有的具有普遍的教育意义，有的则是个性化的做法。其中有成功的喜悦，也有失败的反思和自我提升。对班主任来说，失败留下的经验教训，往往比一个成功的做法更有价值。特别值得一提的是，在这些案例故事的后面，我们还精心设计了"同行观点"和"专业引领"

两大板块，分别从优秀的一线班主任和班主任工作研究者、管理者的角度对案例故事进行了多角度的解读和理性剖析，启发班主任从不同的角度去思考问题，同时考虑不同的教育策略带来的不同的教育效果，培养班主任面对复杂的问题情境从不同的角度思考并解决问题的习惯，进而不断提升专业理性和实践智慧。

著名教育家苏霍姆林斯基说："学习别人的教育经验是一件复杂的事，不是把个别的方法和方式机械地搬用到自己的工作中，而是要移植其中的思想，应当取得某种信念。"班主任工作是一项专业性、实践性、艺术性很强的工作，具有情景性、复杂性和不可预见性。每一个班级都有自己的特殊性，同样，每一位班主任都有自己的带班风格。好的经验和做法不可简单模仿。我们呈现的案例，并不仅仅是为了传播班主任工作经验，呈现处理各种问题的技巧和方法，更希望让大家从中感悟到要善于从司空见惯的事情中发现不寻常的教育价值，遇到棘手的事绝不能凭一时冲动随意处置，也不能凭过往经验简单处理，而是综合运用所学的知识和人生经验，以科学的态度、人文的精神、智慧的方法来提升班级管理的专业品质，在这些真实的案例中认出"我"，发现"我"，感受"我"，教育"我"，成长"我"，做到"学其神忘其形"。

愿与各位同人一起开始新的探索，在个人专业成长的同时，带给学生更多的惊喜和欢乐。

李秀萍

2013 年 11 月

# 1 小学生习惯培养

英国小说家萨克雷有句名言："播种行为，可以收获习惯；播种习惯，可以收获性格；播种性格，可以收获人生。"教育的全部要义在于培养学生形成良好的行为习惯，养成良好的道德品行，铸就美丽的心灵。就少年儿童而言，最重要的基本习惯包括做人的习惯、做事的习惯、生活的习惯和学习的习惯。在大力推进素质教育的今天，培养学生良好的行为习惯和健全人格显得尤为重要，但是在学校教育和家庭教育中却存在着"弃而不教"、"轻重失衡"和"教而不当"的现象。具体表现为：重分数轻习惯，重升学轻人格；不尊重教育规律和儿童身心发展规律，以"管"代"教"，等等。

俗话说："嫩枝容易弯也容易直。"小学生可塑性大，可变性强，我们要将学生习惯培养作为素质教育的直接有效的切入点，让学生充分了解培养良好行为习惯的深远意义，逐渐把这些好习惯内化为他们的内在素质，从而促进学生健康、积极、和谐地成长，即"好习惯，早养成，益终身"。

## "换作业写"带来的变化

很多教师对学生不写作业或者应付作业的现象深恶痛绝。他们认为，作业与练习，是学生必经之路；作业有助于学生掌握知识，培养良好的学习习惯。学生不写作业或者不认真写作业，要么是太懒，要么是太贪玩。下面的一则案例告诉我们，学生敷衍作业，不能简单归结为一个"懒"字。具体而言，教师如何布置作业，让学生用什么方法进行练习，怎样才能激发学生的学习积极性，进而提高教学效率，这些才是需要探讨的问题。

到了六年级第二学期，有的学生已经找到了理想的中学，所以有些心浮气躁，书写没有以前那么好了，得想个办法，让他们重新认识到认真书写的重要性，也让他们在小学阶段留下很多好的回忆，所以我想到了"换作业写"这个办法。

"换作业写"就是让学生在别人的作业本上写作业。这个办法虽然值得尝试，但是存在风险：有人不珍惜别人的作业本，乱写怎么办？有些同学作业书写很好，不肯跟别人换作业本写，怎么办？可以先做一些铺垫，把学生的胃口吊起来。

一天，在评价学生作业的时候，我跟学生说："张老师学到一种很好的办法，就是有很多的担心，不敢尝试，你们想知道是什么好的办法吗？"大家觉得很新奇，都想知道。我故意卖了个关子："我认为现在还不是最好的时机，因为有的同学书写龙飞凤舞的，等等再说吧。"课下好多学生来我这里打听是什么好的主意、什么好的办法，我没有说，只是告诉他们什么时候他们的作业质量提高了，让我感觉满意了，我就告诉他们。

过了几天，我说："现在你们作业质量越来越好了，我想告诉你们我的好办法是什么，这个好的办法就是'换作业写'。你们知道什么是换作业写吗？"孩子们纷纷说出自己的理解，然后我解释了一番。最后我问他们："你们愿意换作业写吗？"

虽然孩子们都愿意，但是我说："可是老师现在不敢呀！为什么呢？因为我担心有同学会这样想：'又不是我的作业本，写得不好没关系。'"我刚说完就有学生马上给我提建议："写上交换者的名字，这样就可以对同学有约束的作用。"

同学们一致通过了这个做法，当大家都表现出强烈的兴趣时，我觉得时机成熟了，可以尝试这个办法了。我在换作业写之前又统一提出了以下要求：第一，名字写在标题的右侧，写出自己最好的字；第二，写完作业后，在横线上写下自己的一句话感言。要求明确了，孩子们都已经跃跃欲试了，恨不得立即就换作业本写。

我再次明确要求：写作业之前先学习别人的作业，写完后写上自己的感受，签上自己的大名。要求明确了，我跟几个学生进行私下交流，有目的地让他们交换：亦舟和杨诺换本（他们很清楚老师的用意，因为陈亦舟的正确率高，杨诺的书写好）。对于我的"强制"行为，同学们都给予充分的理解和支持，除了我指定的三组人员外，剩下的同学都是自己找同伴交换，非常顺利。

这次换作业写非常成功，无论是书写还是准确率都有很大的提高。学生们的感言更加真实。下面记录的是他们的互相留言。

杨诺：今天看到你的作业很震惊——准确率很高，我在写这次作业的时候是小心翼翼的，希望你满意。也祝你以后准确率达到百分之百。

刘宇：小心翼翼，前所未有。

刘美辰：做这次作业时我很小心。

李维臻：我比在自己的作业本上写认真得多，小心+仔细—马虎=写作业的心情。

岑宇凯：要多看别人的长处。

郑辛格：我写他的作业很困难，但我一定能够得100分。

陈哲皓：见贤思齐。

张皓翔：非常小心，生怕写错一个字。

陈亦舟：写完这次作业，手肚子怎么那么疼。

李梦缇：看你外表挺粗大，其实你的字还是挺清秀的。

刘媛媛：我很高兴，我一定要用最整齐的字写这次作业。

刘婧儒：好长时间没有这么认真地写作业了。

张亨博：要珍惜他人的物品。

杨浩杰：Sorry，字写得没有你好！

从学生的留言上，可以看出这一次换作业写对孩子养成好的行为习惯有很大的帮助，不仅仅是书写，更多的是责任心，对自己的行为负责任，有些学生写完作业手指头肚会疼，因为他在用心，用力，所以才会有这样的感觉。

这一次"换作业写"之所以能够成功，能够让学生在作文中、在交流中津津乐道，就在于能够很好地跟学生沟通，能够把风险跟孩子们说清楚，前期做好充分的准备和铺垫！

这次活动是有始有终地进行的，最后我对几个学生进行了访谈，下面是访谈记录：

——张皓翔，你为什么想跟张亨博换作业写？

——我认为他作业写得挺好的，经常全对，所以想看看他的作业，于是想跟他换作业写。当时张亨博并没有答应，提出先看看我的字，后来看到我的字跟他差不多，他就同意换了。

——回家后看了张亨博的作业有什么感受？

——写作业前，我先看了看他前面的作业，发现他的作业挺乱的，虽然正确率很高，但是有涂改，感觉他的字写得不够认真，没有我想象的那么好。在写的时候，我就想一定要把字写好，一定要使自己的作业写得比他本人的好。

——张亨博，你又是怎么想的？

——前面张皓翔用的是铅笔，所以我也用铅笔写，跟他保持统一。我以前的作业比较乱是因为用的是钢笔，比较印，显得很乱。另外写错后，又没有办法改，只好涂了，所以就显得更加乱了。

——刘舒天，你知道老师为什么让你和齐耕墨换吗？

——齐耕墨的字非常整齐，非常认真，我一定要向他学习。您让我跟他换的目的就是让我学习他的踏实。踏实的态度对一个人的学习很重要。我该踏实了。

——程佳，你写完作业有什么感受？

——我这次的作业写得不是很好，很后悔，我想如果有下次，我一定认真对待。杨文君的作业正确率很高，我平时作业马马虎虎的，今后一定要改了，请老师看我的行动吧。

——李宸，曹健宁没有把你的作业全写对，你心里是不是不舒服？

——曹健宁做我的作业没有得满分，我心里很不高兴，我对他说："你真不够意思。"但是我又想，每个人都有自己的特长，我也有缺点，我希望他今后的作业质量有所提高。

这些访谈是我在这个活动结束时听到了一些议论后，有针对性地找学生进行的，其目的是让学生能够通过这个活动，真正认识到自己身上的优点与不足，能够看到别人的优点。这个活动培养的不仅仅是学习上的书写习惯，更重要的是在活动中养成正确交往的习惯，这个不是靠说教，而是慢慢养成的。

通过"换作业写"的活动，学生们对写作业充满了兴趣，不爱写作业的学生也能及时完成作业了，不认真写的学生也格外注意书写规范了，班级中形成了积极的学习氛围。

后来我们对"换作业写"活动做了延伸，我们不仅仅在班里换作业写，同年级的两个班也开展了这个活动。

（北京市海淀区中关村第四小学　张腊华）

## ✦ 同行观点

【林波】看完这个故事，我为张老师的创新精神所折服，张老师在活动前的激趣和活动后的调查，都说明她是一个有心人，活动前周密设计，中间进行调查研究，活动之后拓展延伸，处处都体现了张老师是一个有专业理性的老师。

如果我开展这项活动将会进一步追求教育的深入，在几次交换作业后学生可能不再有新鲜感，从而对活动的兴趣降低了。我们可以从两方面加强活动的教育效果。第一，可以在班级中搞公开评议：夸一夸某某同学。让学生公开夸奖某些对别人负责的学生，这样让作业本上静止的留言变成流动的乐章，让活动对学生产生更好的教育影响，同时可以让班级中那些还不够认真的学生受到触动，加快进步的步伐。第二，要重视家长的作用。我会多引导家长参与评价，在作文中多认可、赞美学生的进步，然后把带有学生和家长多方面评价的作业在班级壁报中展示，让学生在更广阔的空间去审视自己，传递给学生"付出就有回报"的信念。

【彦玲】张老师用"换作业写"的方法，培养学生的良好学习习惯，以点带面进行班级建设，很新颖。张老师是一位有创新精神的老师。

六年级的学生马上面临毕业，学习任务逐渐减轻，而且很多学生因为成绩优秀上中学的问题也早早解决，因此心浮气躁，表现在作业上就是书写马虎、错误率高。如果我遇到这种事情，首先，我会利用班会课让学生进行讨论：即将毕业，我们要留给母校什么？留给老师什么？留给学弟学妹什么？让学生各抒己见，从而使学生在思想上认识到无论是学习还是纪律，作为全校的最高年级应该是学弟学妹的表率、榜样，做事应该善始善终。其次，布置作业要有所创新，避免那些枯燥、繁琐的抄写，如可以尝试给每课书做一个思维导图，给每个单元出一张卷子，然后同学交换考试，判分，讲解。这样不但可以让学生在课堂上认真听讲，积极思考，回家后认真思考学习的重点、难点，以及易错点，而且能够提高他们的学习积极性，让六年级的学生能够静下心来踏踏实实地学习，顺利度过小学的最后一个阶段。

## ✦ 专业引领

阅读这个案例，我有一种进氧吧的感觉：清新、自然、和谐。"换作业写"的方法不是灵光一现的偶然，而是教育理念和思维习惯所形成的必然。

"换作业写"体现了张老师的学生立场。张老师直面六年级学生心浮气躁导致书写不认真的现状，从激发学生写作业的兴趣入手，在做作业上另辟蹊径。张老师的激趣表现在"以疑激趣"：在评价学生作业的时候跟学生说她学到一种很好的办法，就是有很多的担心，不敢尝试。学生很好奇，张老师故意卖了个关子，说什么时候作业质量提高了，感觉满意了，再告诉大家。兴趣是以需要为基础的，引"疑"不仅能使学生迅速由抵触到兴奋，而且还会使学生把学习当成一种"自我需要"。张老师巧妙地引"疑"，使学生在"疑"中产生联想，在"疑"中激发兴趣。张老师的激趣还表现在"以奇激趣"。《笑傲江湖》中独孤老人之所以能笑傲江湖，多年难求一败，并非剑法多么高明，而是因为他从来不按程式出招，而是随兴所至，剑之所指，没有程式就是最高的境界。"换作业写"如同在平静的湖面投进一颗石子，大大超乎学生的想象和原有的经验，这种新的刺激和原有的认知之间形成强烈的反差，引起学生的高度兴奋，收到了意想不到的教育效果。

"换作业写"也体现了张老师站在学生角度思考问题的教育方式。榜样的力量是无穷的，但对现在的学生而言，往往榜样的力量是无用的。因为老师树立榜样，会给其他学生压力。有的老师在树立某个榜样的同时，用对比的方法批评学生，导致学生反感。"换作业写"，学生通过自己对比，不自觉地树立了自己心中的榜样。这个榜样不是强加，而是学生自主认同的。有的学生怕自己写得不好会影响同学作业的美观，因此写得小心翼翼，在此过程中，学生为了把自己最好的一面呈现给同伴，超越了自我，做到自己原来没有做到的事情。这个活动帮助学生形成主动发展的意识和能力，勉励他们追求更高境界的发展。

"换作业写"还彰显了张老师作为一位优秀班主任整体思考、系列设计的意识。完成一项教育活动并不意味着教育目标的实现，教育目标必须通过多次教育过程的循环更替才能实现。本案例前期有铺垫，等到把学生的兴趣调动起来了张老师才实施"换作业写"的方法，而且是根据学生发展的需求分层实施。张老师真是"胸中有丘壑"！

"任何教育，脱离了学生的生活和情感体验都不会取得良好的教育效果"（赞可夫），张老师不是就事论事，而是紧接着让学生从身边时下可感的东西入手写感言和接受访谈，从书写习惯延伸到交往习惯，再提炼出意境更高的教育主题内容，层层深入。这样，"换作业写"与班级的整体发展产生了内在联系，使教育内涵得到立体开发。

# 厕所的"闹市现象"

出于安全考虑，很多教师选择在课间和午间对孩子进行"圈养"，有的老师不准学生出教室，有的只允许学生在教室和走廊活动，但不能追逐、打闹，厕所成了相对自由的地方，因此许多学生成了"厕所爱好者"，他们躲在厕所里，打闹、看课外书、玩拖把、扒厕所门、堵厕所门。教育不能有盲区，面对厕所的"闹市现象"，我们该采取哪些策略呢？

✦ 故事讲述

今年我又带一年级，38个孩子聪明活泼、个性鲜明，智力上的优势明显，可是行为习惯极差，这给我的班级管理和教育工作带来了挑战。如何培养他们良好的行为习惯，同时又不束缚他们，我为此费尽心思。欣喜的是，一个多学期过来，孩子们也变得踏实了，良好习惯在逐渐养成，个性突出的那8个孩子也有明显转变，不用我多说话，就能表现得很好。可是我发现"厕所"成了常规教育的死角，厕所的"闹市现象"也就成了我关注的重点。

课间休息时，经常会有孩子到我面前打小报告："韩老师，戴×在厕所玩水，溅我们一身"；"韩老师，李×和于×挤在一个便池上，不上厕所而是聊天、打闹"；"韩老师，王×拉着厕所的门不让我进去上厕所"；"韩老师，崔×把墩布放在小便池里，让我把尿撒在上面"……这样的小报告几乎每天都有几个。我发现，有的孩子去厕所回来后，看到别的同学去，就又跟着一起去了，肯定不是方便，而是结伴而行，至于做什么就不言而喻了；还有的孩子一个课间去三四次厕所。经过观察我发现这些现象不只在我的班级里存在，其他班级也存在。就这样，厕所一角的喧闹杂乱与校园里的安静有序形成了鲜明的对比，那里成了孩子们"放松"的好去处，他们从不考虑厕所这个场所合不合适、干不干净，只知道那里没有老师管着。

我对这一现象进行了分析，认为原因主要有以下4点：

1. 六七岁孩子的年龄特点决定了他们具有活泼好动、好奇心强、表现欲望强烈等特点。如果一个孩子不跑不跳、不喊不叫，这是不正常的。成年人得空都喜欢去游玩、放松，何况是孩子呢？好玩是孩子们的天性，与成年人不同的是，孩子们不懂什么时间该玩，什么时间不该玩；不懂怎样与人交流，当发生矛盾冲突的时候怎样去处理；不懂怎样去控制自己玩的欲望；不懂得轻重、适时……孩子们还不具备规则意识。

2. 一年级的孩子正处于良好习惯养成的初级阶段，对一些好习惯还处于朦胧感知阶段，自制力较弱的孩子不能够很好地控制自己，在没有人提醒、督促的情况下就恢复了自己的原生态，这是正常的。

3. 为了让孩子从小养成好习惯，为了孩子的安全，常规要求学生在校园里课间不能跑跳，不能打闹，更不能大声喊叫，平时有老师和小监督员看着，孩子们想跑不敢跑，想喊也不敢喊。课间只有十分钟，在这十分钟里要准备下节课的用具，要喝水，要上厕所，如果去专业教室上课，还要提前几分钟排路队，走到专业教室。可以想象，孩子们哪儿还有自由活动的时间？每天都是紧紧张张、忙忙碌碌。对六七岁的孩子来说，校园生活有太多的束缚和压力！他们需要释放，在有老师和监督员的地方是不可能的，很自然他们就选择了厕所。反正老师不能不让去厕所方便。

4. 从学校的常规管理及措施的角度看，存在着死角——厕所。尤其是对一些个性突出、行为习惯欠佳、规则意识缺失的孩子们，一般适用的管理办法根本就行不通。但是，只要是他们认可的人，他们就会买账；不认可的人，他们就会熟视无睹。在习惯培养阶段，他们反复犯错的可能性极大，需要老师跟他们斗智斗勇，不断变换教育方式及措施。

基于"厕所闹市"的现象和以上分析，我采取了以下措施。

1. 当接到小报告时，我不会去批评他们，尽量淡化，潜意识里削弱孩子们对厕所成为"闹市"的意识。我会主动找孩子谈话，了解他们那样做的原因，了解他们的真实想法，适时地正确引导。当然对于这样的孩子，光说理是不管用的。当跟孩子意见达成一致的时候，要以儿童的方式跟他们拉钩，希望他们说话算话。但往往这样做的效果只能保证一天。因为他们毕竟是孩子，当走进厕所看到别的孩子在里面打闹、喊叫，或有人招惹他，他就会把跟老师的承诺忘得一干二净，也参与其中。该怎么办呢？这样我就有了第二个措施。

2. 在男、女厕所各设立一名小监督员，同时兼职小记者，课间在厕所门口或里面巡视，发现问题及时提醒，然后回到班里报道好人好事，进行表扬，一天一次。要禁止小记者报道不好的人和事，目的就是淡化学生对坏习惯的关注，在学生的心目中树立正确的行为标兵形象，潜移默化地影响那些学生。小记者在这里起到了双重作用。为了辐射更多的学生，一个月换一个小记者，小记者最好就从好动的孩子里面找，他们在检查、监督、报道的同时，也会很努力地约束自己。

3. 老师也要加大检查的力度，时不时在楼道里走一走，听一听，看一看。只要看到我，学生们就会下意识地约束自己，希望他们这种下意识约束自己的次数逐渐增多，只有量的积累才会引起质的变化。

4. 在课间，教室里设置游戏区域，在这个区域里可以做一些小游戏，或者玩一些小玩具，比如溜溜球、魔方、转手绢、五子棋、翻绳、游戏卡片等等（要事先调查学生们感兴趣的游戏）；还允许学生在图书角阅读自己喜欢的图书。孩子们课间可以做一些自己喜欢的游戏，这样就不会把时间浪费在厕所里。

5. 对那几个比较顽固的学生，只能采取半强制措施，因为在课间，老师要做下节课准备，还要批改作业，根本顾不上看哪个学生在干什么，转眼的功夫学生就不见了，不用问就知道上厕所了。所以我对他们说："好孩子，如果想去厕所，先要经过韩老师的同意才可以。如果你能做到，韩老师就会表扬奖励你。"刚开始，有的学生还会偷溜出去，后来了解到他们不是故意的，是忘了跟老师说。刚开始两天要盯紧一点，学生慢慢就会养成这个习惯。学生每次跟我说去小便，我就会说："去吧！两分钟可以吗？"学生就会答应，其实他并不准确理解两分钟到底有多长，就知道不能耽误时间，很快就会回来报到。我会及时表扬他，让他戴上文明标牌，学生挺高兴。

在有效教育措施的推动下，经过几个月的教育引导，厕所"闹市"现象渐渐没有了，学生们出入厕所有秩序，更不会在厕所里做不必要的停留。当看到有人在厕所打闹、玩水龙头、踢门时，有的学生还能做到去提醒或制止，尤其是当他们带着文明标牌的时候，更会刻意地约束自己。一个月，两个月……一个学期过来，我欣喜地发现那几个行为约束能力不强的学生，也能够基本做到不在厕所里打闹、玩水、叫嚷等。

我的反思：

设立小监督员（小记者）时时报道厕所发生的好人好事，不但能够起到监督提醒的作用，还能将好习惯及时转述给其他学生，也能让老师了解厕所的实际动态；有小报告不及时批评，淡化坏习惯对孩子头脑意识的冲击，强化好习惯好榜样在学生们心目中的地位，正强化的作用是不可估量的；去厕所先申请，并限制时间，让学生们有了抓紧时间的意识，晚了就得不到表扬了，这样，老师就能掌控大部分学生上厕所的动态。在教室里设置游戏区域让那些好动的学生在教室里就可以做自己喜欢的游戏，自然就舍不得把宝贵的十分钟浪费在厕所里了；及时表扬和鼓励让学生们更有成就感，更有自信，好习惯在学生身上逐渐显现。

在教育过程中学生行为出现反复是很正常的，因此要及时调整措施，改变战术。同样的措施实施一段时间后，学生们就有些麻木了，相应的教育作用也就小了，这时就需要寻找新的兴奋点来刺激他们。要做好对坏习惯打持久战的准备。教育需要引导，更需要等待。

（北京市育英学校　韩雪）

## ✦ 同行观点

【陈静】韩老师细心又深谙儿童心理，她针对"厕所闹市"现象，分析成因，采取了干预策略："小记者"报道好人好事，树正面事例引导学生文明如厕；班级开设活动区，为学生释放活力开拓空间；针对顽固学生，尊重而不迎合，在小小的强制中，让学生懂得自由是建立在规则意识里的。韩老师对"厕所闹市"的关注与干预，对帮助学生逐步形成文明的如厕行为，起到了很好的推进作用，也给同行深度启迪。

我想，如果是我的话，面对此现象，我会做一次调查问卷，用学生的观察思考，呈现问题，将问题汇总后，组织讨论："闹市"要清雅，我能做什么？在讨论中，因势利导渗透性别教育，让学生懂得保护身体隐私，知道尊重同伴隐私也是文明如厕的一种表现。此外，将"文明如厕"作为本学期的一个主题教育，设置阶段目标，定期评价，固化良好行为习惯，以解决问题为契机，让德育融入校园生活。

【海明】"厕所闹市"现象在校园里具有普遍性。随着校园安全问题日渐受社会瞩目，这也成为学校工作的重点。案例中，韩老师的做法有两点特别值得赞赏。第一，充分理解学生的需求，面对一年级"厕所闹市"现象，不是简单的批评与遏制，而是采用循循善诱的教育方法，让学生慢慢改正行为；第二，能够根据学生的年龄特点和认知特点制定有效的教育策略，在老师正面表扬的引导下，逐步将学生的行为引入正轨。

课间十分钟，对于学生来说是十分宝贵的。受学校场地所限，我们可能没有条件让学生们到操场上放松自己，释放自己的天性。但是，我们可以利用这十分钟，更好地激发他们的潜质，培养他们的兴趣。如果我是韩老师，我会在班会课上和学生们一起分析"厕所闹市"的弊端，让学生认识到在厕所打闹会出现的安全隐患，从小培养学生自我保护意识。然后，我会和学生们一起商量，如何利用好这短暂的十分钟呢？由于学生们的年龄比较小，可能不会给出十分有价值的建议，我再因势利导给出一些建议，比如准备课前用具，和同学们一起看看课外书，帮老师擦黑板，或是和同学玩翻绳、猜谜等游戏。当然，针对个别学生屡教不改的现象，我还会在教育与惩戒之间设置中间环节：督促和提醒，还可以安排学生轮流值日检查班级的课间纪律，及时提醒同学，并及时向老师反馈信息。

✦ 专业引领

好动、天真、幼稚，是孩子的天性，课间、午间是孩子们释放能量、放松、调整身心的时候，然而，活动的空间在哪儿，自由的天地在哪儿？唯一能够自由进出、无拘无束活动的地方却是臭气缭绕、湿气弥漫的厕所！这不禁让人感到悲哀，同时又深深感佩韩老师对学生行为观察之细心、透过现象条分缕析的理性思维以及采用多样化的策略解决问题的智慧。

罗曼·罗兰有句名言："应当细心地观察，为的是理解；应当努力地理解，为的是行动。"班主任管的事特别多而且要求特别细，这需要班主任具有一颗纤细如发的心。韩老师在案例中描述道："我发现，有的孩子去厕所回来后，看到别的同学去，就又跟着一起去了，肯定不是方便，而是结伴而行，至于做什么就不言而喻了；还有的孩子一个课间去三四次厕所。经过观察我发现这些现象不只在我的班级里存在，其他班级也存在。"有了自己的细心观察和学生的"小报告"，韩老师对"厕所闹市"情况了然于胸，所以教育能够有的放矢。

韩老师对案例的分析和实施的教育策略启示我们：教育行为开始之前一定要换位思考。有这样一个故事：有一位母亲很喜欢带着5岁的女儿逛商店，可是女儿却总是不愿意去，母亲觉得很奇怪，商店里琳琅满目五颜六色的东西那么多，小孩子为什么不喜欢呢？直到有一次，孩子的鞋带开了，母亲蹲下身子为孩子系鞋带，突然发现了一种从未见过的可怕的景象：眼前晃动着的全是腿和胳膊。于是，她抱起孩子，快步走出商店。从此，即使是必须带孩子去商店的时候，她也是把孩子扛在肩上。

韩老师就像这位细心的母亲，她对"厕所闹市"现象的分析每一点都表露出她对学生行为的理解，例如"六七岁孩子的年龄特点决定了他们具有活泼好动、好奇心强、表现欲望强烈等特点""在没有人提醒、督促的情况下就恢复了自己的原生态，这是正常的"等等。韩老师正是因为能"蹲下身来看看孩子的世界"，与学生换位，所以她能理解学生的思想、情感和需求，在实施教育之前遵循一年级学生的身心特点，采取"以儿童的方式跟他们拉钩""设立小小监督员（小记者）""教室里设置游戏区域"等措施，多管齐下，培养学生的良好行为习惯。

这个案例体现了韩老师的教育与管理没有盲区，但我认为，相应的主题内容还可以进一步拓展延伸。毋庸置疑，班主任是班级活动的领导者、组织者和管理者，但需要强调的是，班主任是教育型的管理者，工作对象是少年儿童，应多一份教育者的责任。学校公厕是公共场所，公共场所的维护，更多地是依靠公众的公德。什么是公德？概括起来，所谓公德，就是在公共场所不打扰别人并努力创造文明氛围的道德素养。如果韩老师能透过"厕所闹市"事件，对学生进行公民意识教育，使学生了解公德是现代社会对每个人的基本要求，也是一个人文明程度的集中体现，只有人人遵守公德，我们才能创造出更美好的生存环境。让学生认识到在公共场所能够自觉遵守公德的人，一定是内心美好的人，希望学生都成为这样内心美好的人。这样，主题教育的内容就得到了有效延展和提升。

## 实践体验让孩子学会排队

尽管老师再三强调上下楼梯要靠右行走，但是上下楼梯逆行、强行猛跑、互相推挤、不按顺序的大有人在，甚至有的学生趁老师不注意，偷偷地爬上楼梯栏杆，骑在栏杆上，把栏杆当成滑梯滑，真危险啊！

苏霍姆林斯基有一句名言："我深信，只有能够激发学生去进行自我教育的教育才是真正的教育。"怎样把教师的教育和学生的自我教育结合起来，相信大家能从下面的案例中找到答案。

那天课间，我走在教学楼的楼梯上，迎面走上来一群刚下体育课的孩子，顿时，乌压压的一片挤满了楼道，挡住了我前进的脚步，尽管我一再贴着右侧的墙根走，但还是不停地与迎头逆行的孩子打着照面，最后我只得站住不动，待人流涌过之后再行。望着这些孩子的背影我不禁琢磨起来：学校广播一再强调靠右行走，他们难道没听见？楼梯地板上画着中心线，他们又怎能熟视无睹？我班里的学生中会不会也这样呢？

带着这个疑问我暗中观察了一下，发现我们班学生上下楼梯逆行、强行猛跑、不按顺序的大有人在。我本想利用下午的教育讲话时间好好"教训"他们一通，可转念一想，何不抓住这次教育契机，以"自觉排队，讲究秩序"为主题开展一个系列活动，让学生在自知、自悟中完成"转化"过程，做教育的主人呢？

第二天，我故作神秘地对学生说："我在楼道里发现了个别同学的不文明现象，你们能找到吗？"放学前，不少孩子告诉我："有的同学不按秩序排队走。""那怎么解决这个问题呢？你们回家帮忙想想吧。"

第三天，许多孩子"送"来了建议，有的说："在楼道里设立监督员。"有的说："把社会上的排队日引到学校里来。"还有的说："把应该怎么自觉排队拍成录像片，全班同学当演员，既教育了自己，还可以送给电教中心让全校同学看。"

多么好的建议啊！多么伟大的孩子们啊！在你一言我一语中，我们的主题活动诞生了，我的教育计划也开始实施了。

接下来的日子，孩子们上网搜集有关"排队活动日"的资料，明确了排队的意义及重要性，然后讨论确定在校园中的哪些地方需要排队（如：楼道、楼梯、厕所、饮水间、洗手间、教室门口等）。接着孩子们分成小组，由一名小干部牵头负责组织组员们讨论、演示在不同的地方应该怎样排队。最后，我用小摄像机将这一切记录了下来，进行了剪辑整理，一部名为《五一班队员"讲"礼仪》的小小教育片就制作完成了。在教室的屏幕上播放的那一天，孩子们兴奋极了，看得也认真极了。这形象的画面由他们自编自导，这其中的道理由他们自感自悟，在不知不觉中进行了自我教育。

后来，我们把制作好的光盘送给了学校，校电视台进行了播放。从那以后，无论在何时何地，我们班的孩子都能够做到自觉排队了，整个校园的秩序也有了明显好转。

在"排队"这件事中，我没有苦口婆心地劝阻，也没有义正辞严地说教，而是通过一次主题活动，寓教于乐，道理自现。俗话说："活动、活动，班级要想'活'就要让学生'动'，没有活动，就没有教育。"中小学的教育对象是青少年学生，他们的抽象思维能力还不尽完善，形象思维仍占主导地位，所以，用丰富多彩的活动进行育人是一条十分有效的途径。班主任应该以人为本，注重班级工作的实效性，多留意身边的小事，多动脑筋想一些解决的办法，在校内外多开展各种实践活动，在实践中强调学生的自我体验、自我选择、自我创新、自我感悟，充分发挥学生的潜能，从而达到育人的目的。

（北京市海淀区实验小学　吴京燕）

## ✦ 同行观点

【淑艳】吴老师从不经意的生活镜头转向对自己班级学生的有意注意，从而发现了教育的问题，可见吴老师的教育责任感非常强。

丰富多彩的活动是育人的有效途径。在面对学生出现的问题时，我也会选择开展系列主题教育活动，让学生发现排队时不合宜的行为，在生生、师生互动交流中明确排队的意义及重要性；讨论并确定排队的规则，并按规则演练排队的情景，使学生在参与中自感自悟，强化正面的行为，在潜移默化中实现自我教育。学生的成长规律告诉我们：切不可有"毕其功于一役"的想法，希望一次班会就可达到理想的教育效果是不切实际的。因此对于学生的排队问题，我还会在后续开展"最佳排队日""礼仪形象大使"的评比活动，以激励学生养成好的行为习惯。对于个别学生的错误行为，要允许反复。要善于发现微小的变化，用正强化充分调动学生内在的潜力，从而形成良性循环。

【王娟】看完这篇教育叙事，我不得不为吴老师的睿智与用心良苦竖起大拇指。吴老师的做法巧妙地转换了学生的角色，将问题抛给学生，将学生置身于宣讲者和示范者的位置上，体现学生主体地位的同时，也展现了教师的睿智。

此外，我想是不是可以将楼道的作用拓宽一下呢？比如开展楼道活动课，也可以与天气突变情况下的体育课相结合，教师先在室内进行相关动作的讲解，提出训练的要求，动作合格的学生方可在楼道内分组活动。楼道内，教师用手势传达命令，要求学生动作轻，声音静，以不影响其他班级上课为前提。这种精神高度集中的训练，有利于培养学生的注意力，训练学生根据环境控制情绪的能力。久而久之，势必会形成有序的楼道活动习惯，自觉"排队"的意识也会逐渐形成。

✦ 专业引领

排队是学生在班级、学校，乃至社会生活中都要遵守的一项规则。对这项规则而言，学生从入学的第一天就开始学习和实践，但在现实的学校生活中，还是会出现案例中所描述的一幕："迎面走上来一群刚下体育课的孩子，顿时，乌压压的一片挤满了楼道，挡住了我前进的脚步，尽管我一再贴着右侧的墙根走，但还是不停地与迎头逆行的孩子打着照面，最后我只得站住不动，待人流涌过之后再行。"

面对这样的现象，我们也在不断反思我们的教育行为，这篇案例给了我们一种新的思路。吴老师并没有对学生表现出的不良行为进行一味的批评或者管制，而是充分相信学生、尊重学生，将问题抛给学生，将学生推向前台，鼓励学生通过多种途径寻求解决问题的方法。

排队实际上是学生规则意识逐步养成的一种外在体现，规则意识的养成一般要经过了解规则、认识规则和需要规则的过程。在学生了解规则、认识规则的过程中，吴老师以活动为途径，整个教育过程强调了学生的自省与自悟。当发现问题后，吴老师没有简单地进行批评教育，而是以此为契机，开展了一次系列教育活动根据案例的描述，我们可以看到整个活动经历了如下六个环节：学生自主发现问题—集体讨论解决办法—多方搜集活动信息—小组合作研讨方案—团队合作制作影像—成果上传扩大影响。这六个环节环环相扣，整个过程凸显了学生主体地位的发挥，让学生在真实、具体的任务中深化认知，然后将认知转化为具体的行为。

我们知道，学校生活中从来不缺乏规则，学生对规则也有充分的了解，甚至可以熟练背诵，但记忆不等同于认知，更不等同于行为，所以我们的教育实践中经常出现本案例开篇所描述的情景，学生不能够将对规则的认知转化为具体的行为。如何避免这一类现象的出现呢？吴京燕老师给我们的建议是让活动成为认知与行为之间的桥梁，让学生在实践体验中，主动参与、积极思考、深化认知，进而将认知转化为行为。学生在逐步深化的过程中，对规则的认知也在发生着变化，更多的时候学生认为规则的作用是用来给班级加分和减分的，是用来评选优秀班集体的，因为几乎每一所学校都会在每周或是每月评选"流动红旗""优秀班集体""文明守纪班"等，而评选的依据就是学生遵守规则的情况，也就是每个班级的分数，因此规则给同学留下的印象更多的就是要求与分数。

在本案例中学生"送来"的解决方法之一就是"在楼道里设立监督员"，很显然，监督员的作用除了提醒之外，还有加、减分的职责。我们的教育除了让学生了解规则外，更要让学生认识到规则有时候看起来像是一种限制，但实际上这是一种对自己的重要保护。而这种认识的达成，光靠学生读规则、背规则是达不到的，而是要让学生在活动中自省、自悟。显然，本案例实现了这一点，吴京燕老师的教育智慧在本案例中也得以体现，我认为她的教育智慧主要体现在以下几点：

1. 善于抓住契机，将学生的问题点转化为教育的生长点

本案例中，吴老师将学生的问题视为开展教育活动的绝佳契机，开展了一系列的教育活动，收到了很好的效果。教育过程中的生长点往往都蕴藏在一个个鲜活的教育现象中，有时这些现象表现为棘

手的问题，需要我们用慧眼去发现，用智慧去思考。

2. 善于活动育人，将教师的简单说教转化为学生的自省自悟

面对学生的问题，吴老师勇敢地将学生推向前台，通过精心设计的六个环节的活动，让学生成为发现问题、解决问题的主角。学生在完成任务的过程中不仅学会了探究与合作，而且在参与中进一步认识规则，践行规则。

3. 善于细致指导，将简单抽象的规则转化为具体形象的规则

在班级生活中我们往往教育学生要遵守规则，而在学生该如何做这方面却缺乏细节的指导。本案例中，学生通过调查明确了需要排队的场所，师生通过录像的方式将在不同场所排队的方式进行了呈现，生动、形象，受到了学生的欢迎。

4. 善于鼓励学生，将学生活动成果转化为学校教育素材

学生的成长一定伴随着班主任的不断鼓励，本案例中吴老师将师生共同完成的有关排队的示范录像呈现给了全校师生，当学生看到自己的成果发挥了更大作用的时候，这是对他们最大的鼓励，这种方式会更好地激励他们向着录像中的自己努力。

# 班里的失窃事件

心理学家认为，"小偷小摸"行为在儿童早期颇为普遍，并于5～8岁达到高峰。但儿童期的"小偷小摸"不等同于成人的偷窃行为，他们还没有建立是非观念，也不具备完备的道德判断能力。儿童每一个"偷"的行为背后都有一个深层的原因，作为教师，更为重要的是在充分了解的基础上积极采取干预措施。教师经常会面对这样的情境：班级里学生拿了同桌的钱，在事实面前又以谎言来遮

蔽真相。教师该如何面对呢？

## ✦ 故事讲述

小马是一个看起来很老实的孩子，课上认真听讲，课下按时完成老师留的作业，家长积极配合，经常和老师沟通了解孩子在学校的表现，从一接班，我就喜欢上了他。

相处时间长了，我发现了问题。有一天，小马的一个同桌过来和我说他丢钱了，最后在小马的书包下发现了。这时，我意识到问题大了。我单独将两个人留下打算好好问问情况。刚开始小马一直强调自己是在地上捡到的钱，本想要交给老师，不知怎么的，钱跑到了自己的书包底下。我只是想弄明白事情的原委，但是在我一再追问下，他说话很含糊，最后他虽然不承认他偷偷拿了同桌的钱，但是却低头不语了。我认为这件事一定要让孩子的父母知道。因为每个家长都不会相信自己的孩子会干这种事情，小马自己说的话家长就会相信，所以我让小马自己把这件事情告诉他的父亲。

一波未平一波又起，晚上我接到小马家长的电话，但是通过电话交谈，我发现小马还是没有把事情的真相告诉他的家长，在老师已经了解真相的基础上，小马还是和家长说谎了。我觉得问题严重了，所以请来了他的家长以及那个同桌，进行了"三方会谈"。他的家长听了之后不敢相信自己的孩子会出现这样的问题，因为平时小马想要什么，只要达到家长的要求，家长就会很大方地满足孩子的需求，他们没有在任何方面亏欠孩子。

家长没有了主意，于是我们商量着先从诚实方面入手，让孩子说出实话，这样我们才能知道为什么孩子会有这种行为，了解了孩子的真实想法，我们才可以对症下药，避免类似事件再次发生。

于是，我和小马进行了一次深入关于"诚信"问题的讨论。我把我的想法告诉了小马："人们都喜欢诚实的人，讨厌表里不一的人。"首先，我相信他这种不诚实行为并不是天生的，而是由后天的某种需要引起的。其次，学生犯了这样的错误，应该及时纠正，不应该抓着学生的过去不放，让他们理解犯错可以理解，但是同样的错误是不能再犯的。我试着心平气和地和他聊天，但是他在家长、老师面前还是低头不语，不承认也不否认自己拿了别人的钱。在谈话中，我感受到，小马的家长心里已经明白了一些，但是孩子什么也不说，他们也不好说什么。

事后，我和家长再谈起这件事，家长也表示不好意思，但是孩子自始至终没有承认这件事。

我认为小马之所以不承认是因为他害怕被惩罚，这也给我敲了警钟。有一句古老的英国谚语："诚实是上策。"这个道理很浅显，孩子们也都知道要诚实，做人要讲诚信，但是却未必能够深刻领悟，更难做到。为了避免孩子们这样不正确的行为，我认为我们应该做到以下两点：

1. 理解学生

教师应该经常分析学生的精神需要、物质需要和玩耍需要，尽量满足其合理的部分；应该听听学生的心里话，不要完全以成人的想法去要求学生。比如小马之所以说谎，是因为在学校怕老师批评，在家怕爸爸打，所以采取了这种逃避行为。如果老师和家长多花时间和孩子进行沟通，知道他们需要的是什么，想着些什么，也许孩子就不会怕这怕那，问题也就迎刃而解了。

比如我们班的小文，刚开学没多久，他的家庭作业就不能按时完成，问原因，说是前一天病了，所以没有写作业，这样的理由一次两次可以理解，可是时间长了我就怀疑了，作业没有写家长为什么不来个电话？孩子前一天病得没精力写作业，第二天却神采奕奕地来学校和同学打成一片？因此，我联系了他的家长，惊奇地发现根本没有这回事，小文在说谎，他并没有生病。于是我又找小文想知道他为什么说谎，原来他每天放学都会有课外班，因为课外班要上到八点多，所以有的时候就没有精力写作业了。

2. 让学生大胆承认错误，并改正错误

为了逃避，很多人撒谎的习惯就是这样养成的。人们之所以撒谎，还有一个重要原因，就是他们在撒谎之后尝到了甜头，而没受到批评和指正。

学生犯错后，我们应该鼓励他们说出真相，培养他们有承认错误的勇气和改正错误的决心，并且做到以后不再犯同样的错误。对班主任而言，如果你付出的多，回报也一定多，所以更应该多花时间去全面关注每一个学生，不抱成见，爱护、尊重、信任每一个学生，更多地去关心他们、鼓励他们。

必要时和家长及其他老师联系，取得他们的积极配合，这样可以真正使学生心悦诚服地接受教育，改正缺点。

（中国人民大学附属中学实验小学　付莉）

★ 同行观点

【海明】从案例中老师谨慎处理这件事的态度不难看出，付老师十分注重对学生进行价值引领，发现学生行为出现偏差，尝试从多角度进行教育，先是寻求父母的教育帮助，之后自己又耐心劝导，力求让学生养成诚实的良好品德。

诚实是美德，可是学生撒谎在小学阶段却是经常发生的事情。孩子们年龄小，为了躲避家长和老师的责备，同时也担心同学们知道了看不起自己，在做了错事之后往往选择不诚实。案例中，无论是小马还是小文，当老师的都可能会接触到这样的学生。我们应该怎样对待呢？如果我是班主任，我愿意相信小马是无心之失，不再追究。当然，我会在班会课上加强有关诚信方面的教育，列举一些诚信小故事，对学生进行教育。而且，我会在适当的时候用关切和信任的目光鼓励小马。同时，我也会私下多注意小马的举动，找机会和他谈心，观察他是否有所改变。如果他没有改变，再次犯下类似的错误时，我才会考虑寻求家长的合作进行教育。

学生就像花园里含苞待放的花朵，需要老师用爱心精心地呵护。当我们发现孩子身上出现问题的时候，我们在帮助他们改正错误的同时还要注意保护他们那颗稚嫩的心。

【陈静】付老师理智通达，用班主任的专业素养，分析小马不肯认错的原因，理解小马及父母的微妙心理，以执著的精神、认真的态度构建诚信的班级文化，以班级氛围影响学生个体行为，这是值得借鉴的。

小马家教严格，自尊心极强，爱面子。我想如果我是班主任的话，面对同学举报，我会先通过同学了解事件发生后小马的情绪起伏，再以朋友的身份，与小马聊天，在宽松的氛围下，让小马说出整个事件带给自己的影响，舒缓小马的精神压力。如果小马坚决回避错误，不急于给小马定性，给小马一个回旋的余地。同时，要单独跟小马父母交流，给予家长专业引领，让他们意识到打骂造成孩子对错误的回避，要用包容的态度修正孩子的问题。此外，还可以借助家长交流平台，汇集家庭教育困惑点，并征集教育小妙招，取法于众，这样既照顾到家长的面子，又启发家长反思自己的教育行为。相信家长也会逐渐体会到老师的良苦用心，积极配合我们的工作。

## ✦ 专业引领

教育是唤醒。"唤醒"包含两个方面：一是我们的"唤"，二是学生的"醒"。"唤"是手段，"醒"是目的。在"唤"与"醒"之间能否建立起必然联系，一要看教师的教育艺术，二要看学生内心醒悟的契机是否成熟。学生的"醒"强求不来，需要我们慢慢等待，尤其是有偷窃行为的学生。

很多老师在处理班级盗窃时有一个误区——案件破了，就是完成了任务。其实，破案仅仅是教育的一个开始，而不是教育的终点。如何把失盗事件作为一个新的教育契机，以使学生今后不重复犯错，这才是最重要的。案例中的付老师有教育的思维，但教育的手段并不十分恰当。在对待班级失窃的问题上，付老师将事情告知小马家长，并通知家长到校与丢钱的孩子进行"三方会谈"，此做法把学生逼到了墙角。

罗素曾经说过："孩子不诚实几乎总是恐惧的结果。"小马说谎是一种自我保护的行为，而趋利避害乃人之本能，犯罪分子还有沉默权，我们怎么就不能宽容学生说谎呢？更何况，在现实生活中一辈子不说假话、不说谎的人根本是没有的。当遇到学生不承认偷拿别人钱的事实时，班主任不妨设想，如果小马承认了，他就被贴上了盗窃的标签，就没有勇气再在班级里学习。老师如果一开始能站在学生的立场上处理问题，心态就要平和一些。

农村有句俗语："从小做小偷，长大做大盗。"可是有很多人小时候也干过偷水果之类的事，但长大后也没有变成大盗，相反有的还成为杰出人物，这是为什么呢？因为成长是一个自我修正的过程。因此，不要一听到班级发生了失窃案件，就迫不及待地公开表达自己的愤怒。可能这个孩子只是一时的糊涂，本来他想改过的，老师这样一说，等于把学生逼到了墙角，他也只好错到底了。

作为教育工作者，即使学生盗窃事实铁证如山，也只能通过教育手段来解决。通常，强迫学生坦白是最糟糕的办法。每一个人都有自尊心，每一个人都能明辨是非，对于自身存在的问题、所犯的错误，完全没有认识是假的，不愿意承认或者不愿意改正才是真的，所以，班主任对学生的批评一般点到即可，给学生留足悔改的空间。付老师有确切的证据证明小马在说谎，但也不妨先相信他所说的是"真话"，并按照其所说的"真话"进行处理。过一段时间看他的表现，如果此类事情不再发生，就可以不再提及这件事，因为小马已经意识到所犯的错误，并能够自行改正。如果一段时间以后情况没有改观，付老师就有必要与其谈话，使小马明白，上次是考虑到他的自尊心，并且相信他已经认识到自己的错误，能自觉改正，这次必须为自己的行为承担责任。这样，付老师对学生说谎违纪问题的批评或处罚，让学生更容易从心底理解和接受，批评或处罚的实效性就更强了。

班主任是教育者，教育者就要用教育的思想指导工作，用教育的眼光看待问题，用教育的思维寻找对策，用教育的手段解决问题。有这样一个案例：一位学生的 20 元钱不知被谁拿走了。老师让学生围绕下列问题进行讨论：假如这 20 元钱是我丢的，我会怎样？如果有人拿了或拾到了，但不归还给失主，这是一种什么行为？长此以往将会有怎样的结果？犯了这种错误，将会怎么办？学生踊跃发言，各抒己见。然后，老师给每人一张小纸条，并告诉学生，如果没拿这20元钱，便写上"我没拿"三个字及自己的名字，如果认识到自己的错误，便写上"我错了"三个字。对于小纸条上的内容，学生不准偷看，老师将绝对保密。最后，有一个学生在纸条上写了"我错了"三个字，并主动向班主任交代了事情的经过，还把钱如数还给了同学。

这个案例中，老师处理这件事情的巧妙之处在于，既有一定的隐秘性，又有一定的游戏色彩，在讨论过程中每人都受到不同程度的教育与启发，特别是犯了错误的学生心灵受到触动，学生内心醒悟的契机成熟了，他认错就成为水到渠成的事情。

教育的功能在于引导、纠偏和提高。对偷拿别人东西的学生，教育者既要保护他们的自尊心，又要诱发他们的内疚感，还要帮助他们改正错误。

## 漂亮女孩儿引来的嫉妒

生活在群体中的学生，常会将自己和周围的同学作比较，在比较中，看到别人某一方面比自己好，自己又达不到他人的水平，往往不甘心，有的甚至达到了迁怒于他人的程度。这种嫉妒现象十分常见。产生了嫉妒心的人如同一棵生了虫的树，如果不及时把嫉妒这只虫子除掉，而是让它在躯体里寄生，那么，等待这个学生的命运唯有"枝枯叶黄"。如何帮助学生调控、预防、缓解或消除嫉妒心理，正确对待同学、朋友取得的成绩，化压力为动力，变嫉妒心为上进心，希望下面的案例能给大家一些启发。

**★ 故事讲述**

　　小林是一个极普通的女孩，相貌平平、话语不多、没有太多特长爱好，学习成绩在全班仅处于中等水平。唯一让她自己满意的就是画画不错，是班级美术课代表。五年级第二学期，班里转来了一个扎马尾辫的漂亮女孩儿，说话甜甜的，笑起来也甜甜的。女孩儿的到来立刻吸引了同学们的视线，课间常有不少人围拢到女孩儿座位旁问这问那。小林也站在围拢的人群中，只是她一言不发，怔怔地看着女孩儿，看她雪白的肌肤、美丽的明眸……但是小林越看心里越不是滋味：怎么这样不顺眼呢？

　　一天放学，小林像往常一样与好朋友嘟嘟、翘玲一道回家，这时身后传来"等等我……"的喊声，原来是新转来的漂亮女孩儿背着书包追了上来，要顺路一起走，于是嘟嘟和翘玲赶忙迎了上去……看着她们有说有笑，闷头走在最后面的小林心里难受极了，她不时用脚踢着石子，觉得地上那些石子就是漂亮女孩儿，越这么想她就踢得越使劲。第二天，美术老师让小林把美术作业成绩登到记分册上去，小林故意把漂亮女孩儿的"优"写成了"待达标"。她想：要是被老师发现了，我就说是疏忽抄串行了。

　　新学期开学，班里进行了课代表改选。小林落选了，而顶替她的正是那个漂亮女孩儿，因为她多次在市区绘画比赛中获奖。在老师宣布结果的一刹那，小林的脸涨得通红通红的……一节体育课上，小林悄悄地溜回了教室，从漂亮女孩儿的书桌里翻出了一张她准备参赛的水粉画作品，狠狠地揉成一团，扔在了地上。

　　小林各个方面虽然普通，但她是一个敏感的女孩儿。由于深知自身的劣势，所以一直使自己处于近乎封闭的状态。当漂亮女孩儿出现时，她越发感到自己在相貌、能力、人际关系等方面不如人，只有"美术课代表"这一职衔才能抚慰她那颗失落的心，可当这一优势也被别人取代时，强烈的己不如人的嫉妒心击垮了她的理性，进而采取了损人不利己的幼稚行为来发泄。

作为教师，应当如何帮助学生摆脱嫉妒的阴影，健康、阳光地面对生活呢？

1. 教会孩子认清危害

嫉妒的危害一是打击了别人，二是贻误了自己。所以，帮孩子认清这些是走出嫉妒的第一步。一个课间，我找到小林，递给她一本书《恩典书房——嫉妒的七宗罪》，推荐她阅读。

2. 教会孩子克服自私

嫉妒是个人心理结构中"我"的位置过于膨胀的具体表现，总怕别人比自己强，对自己不利。因此，要根除嫉妒心理，还要根除这种心态的"营养基"——自私。利用班会时间，我给孩子们讲了许多古今名人大公无私的故事。会后，我和小林聊天，听取她的看法，并顺势利导进行教育交流。逐渐地，我感觉小林认识到了自己的问题。

3. 教会孩子见贤思齐

一个有道德的人，当他发现有人比自己做得好时，从不去考虑别人是否超过了自己，心生不满，而是从别人的成绩中找出自己的差距所在，从而向人家学习。这就是古人所说的见贤思齐。教师要善于察言观色，发现孩子的细微变化后能及时了解情况，同时与孩子一起分析自己的劣势是什么，协助孩子寻找进取的"路径"，为孩子营造积极向上的氛围。我采用"我来夸夸你"这一形式，让孩子们将伙伴的闪光点挖掘出来，写在便条上，粘贴到展板上。我看到了许多同学对小林的称赞，同时也看到了小林对漂亮女孩儿由衷的夸奖——"张晓迪的画画得不错……"

### 4. 教会孩子调整心态

嫉妒是由一种不良的心理状态引起的，对别人的嫉妒，实际是对自己的一种惩罚。如果能调整一下自己的心态，换一个角度看问题，也许就会是另一番景象。所以，教师要做好孩子的心理工作，我告诉小林"塞翁失马，焉知非福"，这次没竞选上美术课代表，还会有下次，再说还可以尝试着竞选其他课代表，或许能发现自己更多的潜能呢。

### 5. 教会孩子将心比心

"将心比心"是我们常说的一句俗语，在心理学上叫"感情移入"。教师要让孩子尝试用"换位法"思考问题。我告诉小林：当嫉妒之火燃烧时不妨设身处地地为对方着想，扪心自问：假如我是对方又该如何呢？运用心理移位法，可以让自己体验对方的情感，有利于理解别人，有利于遏制不良心理状态的蔓延。

在我无声润物、耐心的点拨下，小林认识到了自己的行为给漂亮女孩儿造成的伤害，为自己的不理智感到懊悔。她悄悄地将记分册上漂亮女孩儿的成绩改了回来，还用压岁钱买了一盒水彩笔，作为新年礼物送给漂亮女孩儿……那天，我看到了小林交来的日记作业，本子上写着："其实，张晓迪真的很优秀——外表优秀，内心优秀……我呢？与其徒劳地羡慕、妒忌，不如把自己也变得优秀起来……"读到这儿，我合上本子长长地舒了一口气。

其实，在我们的生活中不乏这样的"小林"，当他们发现别人在某些方面高于自己时，便会产生一种复杂的情感，往往由羞愧、恼怒、怨恨等掺杂在一起，这就是嫉妒。嫉妒是一种不健康的心理状态，它能使人的性格扭曲，使人远离快乐。小学生是心智尚不健全的未成年人，他们缺乏正确的自我评价，不能清楚地分辨可能与不可能的界限，所以，教师的指导、建议就显得尤为重要。在处理小林问题的过程中，我始终没有指责她的不对之处，而是通过讲道理、讲故事等形式，让小林自己比对，自领自悟，自我教育，从而水到渠成地化解她心头的嫉妒之火，激发她奋发向上的内驱力。

（北京市海淀区实验小学　吴京燕）

## ✦ 同行观点

【王娟】案例中的吴老师用自己的爱心和耐心巧妙地化解了小林心中那团嫉妒之火，变被动为主动，变消极为积极，可谓是润物细无声。小学阶段高年级女生的嫉妒心理尤为凸显，这种痛苦而畸形的情感，扭曲着孩子的心灵。面对这样的问题，我想在给予小林个别引导的同时，"以点带面"的教育目的更应该是我所关注的。比如召开以"走进周瑜与诸葛亮"为主题的班会，以古喻今，帮助学生认清嫉妒心理的危害性。同时，结合班级生活的现状，围绕"班级健康生活策略"让大家各抒己见，引导学生尝试调节情绪的方法。

另一方面，可以给学生推荐阅读一些有关心理调节的小故事，引导学生正确地看待同学身上的优缺点；还可以每周观看一部电影，情境转移会使学生在关注大事情中遗忘小的不愉快，拓宽心胸和境界。"岂能尽如人意，但求不愧我心。"我们要帮助学生远离嫉妒，用一种平和的心态迎接每天升起的太阳。

【淑艳】我们面对的学生大部分都是独生子女，有嫉妒心的学生不会是个例。我会对学生进行更为细致的观察、了解，从班级学生中找到快乐的榜样，让这些学生讲一讲自己的故事，结合故事引导学生感悟远离嫉妒的方法，使同伴的事例作为正能量在集体中传递。面对嫉妒心严重的学生，我还会与其家长进行有效沟通，让家长意识到孩子外显的行为所折射出的心理问题，以引起家长对孩子的关注，并且有意识地进行正面的疏导。家校合力为学生播撒阳光，使学生享有一生的快乐。

## ✦ 专业引领

读罢这篇案例后，我很是为文中叫小林的孩子庆幸，在她身心成长的关键期，遇上了这样一位能够关注孩子心理变化，并能给予恰当指导的好班主任。苏霍姆林斯基说过："把教育的意图隐蔽起来，是教育艺术十分重要的因素之一。"案例中吴老师推荐学生阅读关于如何远离嫉妒心、享受快乐的书籍，使其在读书中认识到嫉妒心带来的危害以及如何做一个有胸怀的快乐的学生。这是无痕的教育，是教育的艺术。

纵观这个案例，我认为吴京燕老师的做法能够带给我们以下几方面的思考和启发。

1. 班主任应将阳光洒向"中间"地带

有一首歌这样唱道："没有花香，没有树高，我是一棵无人知道的小草。"在每个班中都有这样一些比上不足比下有余、处于中间地带、较少受到关注的"小草"，他们就像案例中所描绘的小林。班主任工作中我们常说这样一句话："抓两头，促中间。"在具体工作中，我们把近80%的时间和精力都放在了"两头"，而忽视了处于中间地带的中等学生，这些学生表面上静如止水，内心深处实则涟漪不断。鲁迅先生曾经讲过："不在沉默中爆发，就在沉默中死亡。"对于较少受到老师注意的孩子来说，他们更在乎老师的关注，哪怕是批评。作为班主任，我们有责任将阳光洒向每个角落，不要让"小草们"在爆发或是消沉后才进行弥补。

2. 班主任应尝试从心理学的角度思考教育行为

人的任何行为都源于心理上的变化，如果我们从心理学的角度来看待学生的行为、思考教育措施时，有时候会收到事半功倍的效果。做到这一点，首先要准确了解学生身心发展的特点，吴京燕老师对小林的心理特点进行了准确的剖析，这也为下一阶段制定教育措施奠定了基础。其次要学习一些与班主任工作相关的心理学知识，用以指导我们的教育实践。

心理学家赫洛克曾经做过一个实验，看看教师对学生学习结果的不同关注是如何影响学生的后续学习的。他把106名学生随机分成四个组，分别为：表扬组、训斥组、忽视组和控制组（与前三组隔离，不予以任何评价），让他们进行难度相等的加法练习，共练习五天。由于控制组没有收到任何反馈与评价，学习是盲目的，因此成绩最差。这个实验所揭示的规律被称为赫洛克效应。这一心理学上的效应提示着我们在班级管理中不要忽视任何一个学生，要对学生的行为及时进行评价。

3. 班主任应在具体实践中体现教育是慢的艺术

这个"慢"字我认为有两方面的含义，一方面指班主任对学生的成长不仅要有期待，更要等待，给学生一个发展变化的时间；另一方面指班主任制定教育措施要循序渐进，急不得。吴京燕老师在这篇案例中的教育行为很好地体现了这两方面。吴老师的五个方面的措施由内而外、由己及人，一步一步地帮助学生调整心态，克服嫉妒心理。

在这一过程中，首先老师通过赠与学生《恩典书房——嫉妒的七宗罪》一书的方式，引发学生对自身行为的主动思考，避免了师生针对"嫉妒"问题直接对话所带来的尴尬以及学生的抵触。其次老师通过班会、讲故事、谈心的方式帮助学生找准嫉妒的根源，即自私。接着老师以多种方式指导学生学会避免嫉妒心理产生的方法，如：见贤思齐、换位思考、调整心态等。这一渐进的教育措施使学生心理上易于接受，行为上便于改进，因此收到了很好的效果。

# 2 幼小衔接

进入小学后，孩子的生活方式和教育方式会发生转折性的变化。幼儿园以游戏为主的活动逐渐转变为小学以学习为主的活动，幼儿由事事依赖父母和老师逐渐过渡到学会独立完成任务、独立解决问题。

在小学一年级，很多孩子还不能完全适应小学生活，个性强、自理能力较弱、情绪不稳定等特点还会在一段时间内延续，表现得比较自我，情绪化现象也时有发生，在这个过程中，班主任不仅需要关注幼小阶段的知识衔接、学习习惯衔接，还要关注孩子心理发展的衔接以及环境适应能力的衔接。如果处理不好，会影响他们入学后的适应以及今后的健康成长。因此，作为班主任，要认真研究一年级学生的心理特点，关注他们的心理动态，帮助他们尽快适应小学生活。

## "我要回家！"

一年级是学生正规学习的起始阶段，能否适应这段学习生活，对学生未来的成长有着无法估量的影响。从幼儿园的小朋友变成一年级的小学生，这是人生道路上一个大的转折。不一样的校园生活、不一样的学习方式都需要孩子适应。尤其是住宿班的孩子，由于学习导致与父母的分离，孩子很难从心理上接受，因此他们想尽办法不去学校。下面案例中就有这样的一个孩子，面对这样的孩子，老师是如何解决的呢？

### ✦ 故事讲述

作为一名住宿班的班主任，与家长接触显然是比较频繁的，交流的机会也多，但并不见得与家长的沟通一定都是有效的，也不一定都产生了教育的合力。苏联教育家苏霍姆林斯基曾说："教育的效果取决于学校家庭的一致性，如果没有这种一致性，学校的教学、教育就会像纸做的房子一样倒塌下来。"

在我的班里有一个叫琪琪的小女孩，只要一来学校上课就睁着一双大眼睛，无助而又无神。课下的她会在我没收了她的电话卡的情况下，到处借手机甚至去借食堂师傅的手机打电话骚扰妈妈的正常上班。只要周末回家，周一的早晨教室里肯定见不到她的身影。打电话到家里，妈妈说只要一提上学，琪琪便不穿衣服，躺在地上打滚，哭得死去活来。即使连哄带骗来到学校门口，她也赖在车里撒谎说肚子疼、头疼，让妈妈原路返回。更有甚者，有一次，妈妈逼急了，她竟然拿脑袋拼命地往墙上撞，脑门上撞出了鸡蛋大的一个包，这招果然奏效，吓坏了家人，她在家里"心安理得"地待了半个月。眼瞅着开学已经两个月有余了，其他孩子都适应了集体生活，不但快乐地成长，而且学到了许多知识。可是她依然三天打鱼，两天晒网，想来就来，说走就走。为此她的妈妈眼泪都哭干了，有一次因为分神还出了车祸，车虽毁还好人未伤。对此家长已经无能为力，只好听之任之了。"不上学就不上学吧，最起码孩子还活着。"

怎样救助这花朵般漂亮的麻烦女孩呢？我想这就需要班主任与家长进行深入的沟通，进行全面的了解。因为班主任是家庭教育和学校教育沟通的桥梁，只有与家长取得共识，才能让家长树立正确的教育观念，才会使家长与学校共同唱好学校内外一台戏。

了解她的过去是我行动的第一步。我约了她的妈妈做了一次详谈。我恳请她把琪琪上学前的点滴事情都说给我听。原来孩子从小就没见过她的父亲，是由姥姥姥爷带大的，老人对孩子宠爱，从不让孩子下楼去玩，怕孩子受伤，怕孩子受欺负。孩子的话就是圣旨，说一不二，即使上了幼儿园，孩子说要两点钟接她，不能超过两点十分。只要孩子说今天不想去，那就去不成。妈妈工作忙，很少照顾到孩子，出于对孩子的一份愧疚，所以也就依着孩子的性子来。偶尔小惩，就会受到孩子姥爷的呵斥。

孩子如此抵触上学，拒绝与人交往，我怀疑孩子有点自闭，就建议家长带孩子去咨询一下心理医生。结果却出人预料，孩子一切正常，除了过分的依赖，并无大碍。听了医生的话，我笑了，只要孩子没有自闭症，即使有点心理障碍，作为老师还是有计可施的。于是，我把琪琪的妈妈、姥姥、姥爷叫来，问他们："孩子交给我管，你们放不放心？"此时，家长也意识到了问题的严重性，以及溺爱给孩子带来的负面影响，异口同声地表示大力配合，决不拖后腿。我也向家长提出了要求：不许随时看孩子，打搅孩子；接孩子的时候不许拥抱她；不许给她拿书包；孩子做错事，我批评她之后，家长不许哄；孩子在家里如果提出过分的要求，决不可以再答应她。我作为一名教师，向家长提出了这么多的"不许"，也是平生第一次，同时也标志着我与这个顽固而又麻烦的小家伙斗智斗勇的开始。

接下来我与琪琪妈妈约定，她只要把孩子带到校门口，其他的事情就交给我处理。从那天开始，我上班的时间又比以前提前了，就是为了到校门口50米以外去接琪琪。第一天，她把自己关在车里抱着车座死活不肯出来，哭喊着"妈妈，妈妈，我要回家！"妈妈无助而又祈求地看着我，我不管三七二十一，把脸一沉，拉开车门就把孩子抱了下来，并示意琪琪妈妈赶紧离开。刚刚还被我夹在腋下的孩子顿时停止了哭闹，"老师，放我下来，我自己走。"我怕一松手她再跑去追妈妈的车不安全，便假装听不见，夹着她走进校门后才把她放下来。跟她开口说的第一句话就是："自己背书包。"我把书包塞给了她，她很聪明，看我不高兴，便蔫蔫地跟在我的后面来到了教室。一整天相安无事，我也假装什么事都没发生，还派一些简单的工作给她，让她有更多的机会接触同学，试着与别人交流，同时也让她获得一点小小的成就感。一个星期的校园生活还算顺利，虽然她偶尔还会哭鼻子，却由"嚎啕大哭"变成了"默默无语两眼泪"。就这样，这个"大麻烦"变成了"小麻烦"。

又是一个令我不安的周一，我迈着匆匆的步伐出校门口接她。远远地就看见琪琪的妈妈蹲在地上哭。问明原因，原来这孩子怕我接她进学校，故意把裤子尿了。好可恶的小家伙！我是绝对不会向她妥协的。我一把把她从车里拽下来，气急败坏地说："甭说你尿裤子，就是眼泪流成河，你也要给我进校门！"也许慑于我的发怒，琪琪表现得异常乖巧，主动地背起书包进了校门。回到办公室，我又悄悄地打电话叫她妈妈来给她送换洗的裤子。待到她心情愉悦时，我把她搂在怀里，跟她说："无论是谁，都必须来学校上学，接受教育，和别人交往。一个人待在家里多孤单呀！你看，无论你使出什么花招，你依然得来上学。在学校，有这么多的老师喜欢你，有这么多的伙伴陪着你，你多幸福哇。"

随着时间的推移，琪琪的状况逐渐改善，我再也不用到校门外去接她了，课上也能听见她响亮地回答问题了，她还有了一两个知心朋友，从她的脸上我看到了灿烂如花的笑容。

## ✦ 同行观点

【荣霞】在寄宿制学校，这样的孩子、这样的景象时有出现：操场上，校园里，老师牵着一个个哭哭啼啼的孩子，遛弯、聊天，调节这些孩子的心情，做他们的思想工作，直到他们不再哭泣。

本案例中的这个孩子，我猜想应该是刚入学的低年级寄宿学生，很自我，很执拗，倍受溺爱，散漫成习惯，从没吃过苦，从未受过罪。因而，入学之初根本无法适应学校严格的要求。面对这样的孩子，我想只有想方设法和家长配合，家校协同，才能齐心协力扭转孩子现状。

首先，我会和案例中这位老师一样，了解孩子不愿上学的原因，根据孩子实际情况，和家长达成一致，制定措施，对孩子进行教育。其次，我会分析原因，孩子不愿上学，说明集体不够温暖，没有家的感觉。我会创设一个温馨的集体，做好班级文化建设，将班级布置得如家一般温暖，使孩子有一种归属感，进而爱上自己的集体。我还会对学生进行友爱教育，弘扬向善、向美、向上的情感，使孩子们心地纯真、善良美好，像天使一样可爱。当班级呈现出相亲相爱、温馨和谐的氛围后，学生自然就依恋它了。最后，我会从自身找原因，让自己对学生的热爱之情由内而外地呈现出来：教态更亲切，语言更温和，表情更慈爱，关心每一个学生，多和这样的孩子聊天，增进与学生的感情。"亲其师"非常重要。让孩子喜欢上自己，这是对教师情感上的依恋，其作用往往胜过千言万语。因为喜爱就不愿意伤害。当孩子发自内心地喜欢老师的时候，他就不愿意再做让老师伤心难过的事了。

此外，伙伴间的亲密情感也是需要善加利用的。良好的同伴关系会使学生依恋伙伴，渴望与伙伴在一起。学校有这么多让他依恋的老师、同学，还有家一般温暖的教室，他怎么舍得不来上学？

【春焕】难能可贵的是案例中的老师对琪琪始终没有放弃，即使在孩子的妈妈都"无能为力，只好听之任之"的情形下。可见我们的一线教师在孩子的成长路上起着多么重要的作用。案例中老师的做法可谓是有勇有谋。首先了解孩子存在问题的原因，这样才能够有的放矢，然后再采取看似比较"强硬"的态度，让孩子尽快融入新的环境。琪琪虽然年纪小，老师依然坚持和她沟通交流，即使老师说的话她不一定都能听懂并接受，但是当老师把她轻轻地搂在怀里时，我想这个动作足以让小家伙感受到老师的爱。这个案例让我对"师爱"有了深层次的思考：爱不仅是和风细雨，润物无声；爱有时也需要"强硬"与"坚持"！

## ✦ 专业引领

心理学研究认为：当个人需求与环境发生冲突时，若不能如愿以偿，通常会造成两种情形：一种是形成悲观消极的心理；另一种则是从失败中学习适应方法。儿童刚从幼儿园进入小学，他们经历了教育生态环境的变迁，不管是学习环境还是学习内容、学习方式、学习评价都发生了一定的变化，如果不能积极适应，就会在心理上产生紧张情绪，如果这种不良情绪不能及时得到缓解和消除，孩子就会出现退缩、厌学、孤僻、焦虑及攻击性行为等行为偏差，出现适应性障碍。

案例中琪琪的表现不一定具有典型性，但有调查表明，有30%～40%的孩子进入小学一年级后，对小学的学习和生活很不适应，常常在心理上产生紧张情绪，这应该引起班主任的重视。

琪琪的行为显然与家庭教育有密切关系。心理学家研究发现：从小不和父母生活在一起的孩子普遍缺乏安全感。琪琪没有见过父亲，又由姥姥、姥爷带大，所以她缺乏安全感。由于琪琪独特的成长环境以及姥姥、姥爷的溺爱，已经使琪琪养成了"唯我独尊"的心态，尤其是在幼儿园想几点回家就几点回家的行为容易使孩子对学校的认识形成偏差，没有规则意识。家长不让琪琪接触更多的事物，更加让孩子对新的环境感到恐慌，和别人交流也有一定的困难。班主任通过与家长沟通，及时了解了琪琪的成长环境，力图通过家校合作来帮助琪琪。这个措施是非常必要的。面对这样的问题，必须寻求家长的认同以及配合，家长要舍得放手，孩子才能展翅高飞。从案例中我们也可以看出，孩子很聪明，一旦离开了父母的"庇护"，孩子是知道如何做的。

案例中的老师恩威并济，并且有敏锐的观察力。老师认识到琪琪拒绝进入校园还有不适应集体生活的原因。姥爷"从不让孩子下楼去玩，怕孩子受伤，怕孩子挨欺负"的教养方式很可能使琪琪不会主动交朋友，不适应集体生活。所以，班主任要让孩子不怕学校，关键是让她感受到集体的温暖，喜欢集体生活。案例中老师的处理方法是非常恰当的，"派一些简单的工作给她，让她有更多的机会接触同学，试着与别人交流，同时也让她获得一点小小的成就感"。一段时间后，孩子有了知心朋友，脸上自然就有了笑容。

小学一年级的老师需要扮演教育者和妈妈的双重角色，作为教育者，教师要传道授业解惑，要在引导孩子学习知识的基础上，学习如何交往，学习如何理解集体与社会，学习如何处理个人与集体的关系，这些对于一个孩子的社会化非常关键。作为妈妈，教师要时刻关注孩子的心理动态，给予孩子妈妈般的关怀，使孩子感受到班级以及校园的温暖。在教育工作中，情感是一种强大的力量，教师一定要善于利用学生的爱的情感，这对教育工作是一份可贵的助力。

# 不肯进教室的孩子

小学低年级学生还处于对父母、家庭依赖的阶段，严谨有序的学校生活与散漫休闲的家庭生活相对比，令很多孩子在假期之后会表现出诸多的不适应，只不过有的孩子反映比较外显，有的孩子反映比较内隐；有的孩子适应快，有的孩子适应慢。分离焦虑是孩子比较典型的一种表现，我们看看案例中的老师是如何应对的。

## ✦ 故事讲述

小强是一个纯朴、可爱的小男孩，胖乎乎的小脸蛋儿上，写满了孩童特有的稚气。一年级时，他在班级里成绩中等，安分守己，从不捣乱，不让老师操心，因此，也并不引人注意。

转眼二年级了，经过了两个月的暑假，9月1日开学的第一个早晨，天气晴朗，阳光明媚，孩子们带着银铃般的欢笑声，踏进学校，走进教室。我很高兴地与孩子们聊天，谈心，大家都沉浸在愉快的开学生活中。这时，令大家吃惊的一幕出现了。小强一边嚎啕大哭，一边拼命地跺脚、嘶叫着，他的爸爸则连拉带扯、用力地把小强拽进了教室。我有些惊呆了，这是小强吗？我赶紧过去抱住孩子，问他爸爸是怎么回事。小强的爸爸不好意思地说："没事，就是暑假里玩得太疯了，有点收不住心了，过几天就会好的。"听他这么一说，我松了一口气，微笑着去劝慰小强，让他坐回自己的座位。过了一会儿，小强逐渐平静了，爸爸离开后他也逐渐进入了学习状态。

原以为事情这样就过去了。没想到，第二天早上，同样的一幕又出现了。其他学生都在教室里认真地早读，唯独小强还在外面哭哭啼啼，不愿意进教室，希望爸爸带他回家。爸爸连哄带骗让小强好好上课，可是小强依然不依不饶非要回家。爸爸很生气，一把抱起小强，走进了教室。小强被放在教室里后，看到同学们都在关注他，也就不再哭哭啼啼了。但是，可以看出，小强的心思完全不在学校里，魂不守舍，坐立不安。上午第二节课间，班长跑到我办公室，告诉我小强在校园里跑来跑去，不想回教室。大家都过去劝他，想带他一起回教室，可是他却躲得远远的，不想回教室。

作为班主任，小强的这种反常现象引起了我的重视。小强为什么不愿意上学？难道他在学校里不能获得安全感吗？小强身上发生了什么事？我曾一直试着去了解小强的想法，可是，任凭我费尽口舌，他除了沉默就是泪眼汪汪。

一年级的时候小强没有这样的表现，为什么现在却变成这样？开学都两个多星期了，小强还没有进入学习状态，小强到底怎么啦？这样一个原本爱学习的孩子，却不愿意来上学，是不是心理有什么问题呢？

我决定去家访，在小强的家里我见到了他的妈妈。她向我详细介绍了小强的成长背景。小强的父母是外地来京务工人员，上面还有一个姐姐，小强作为家里的唯一男孩，一直备受家人的宠爱，也许是父母的宠爱使得他对家长过度依赖，独立性差，由此导致他不适应学校的集体生活。

　　了解了小强的家庭背景，我知道小强的问题主要出在家庭教育方式上，小强本身没有心理问题，而是对陌生环境的适应问题以及战胜自我的能力问题。我觉得应该找小强谈一谈，但是如何谈才能有效果呢？我想到了学校的心理教师刘老师。刘老师通过聊天、沙盘游戏的方式引导小强要认识自己，要学会独立。经过一系列沟通、交流以及辅导活动，小强逐渐发生了一些变化。刚开始的时候，小强虽然还要在妈妈的陪同下走进教室，还要妈妈在教室里陪他半个多小时才安心下来，但是课后，他不再乱跑，不再躲起来，表现也很正常。不过，孩子终归是孩子，他的行为总会出现反复。有一天，我看到小强待在后门的角落里，又在想妈妈了，旁边有几个同学在安慰他。快要上课了，我灵机一动，让全班的学生一起给小强一些鼓励的掌声，鼓励他回到座位。班长对小强说："小强，我们相信你，和我们一起上课吧！"终于，小强在大家热烈的掌声中，恢复了平静，安心地上课了。之后的几个星期里，我并没有放松对小强的观察，发现他已经不需要妈妈在教室里陪伴了，渐渐适应学校的生活了。

　　为了锻炼小强的独立能力，我还让小强参与班级的管理。小强数学比较好，我就委派他帮助数学老师做一些日常工作，比如：课前发放材料、收作业本、监督同学上课情况等。他逐渐融入了班级生活，工作也有了起色，学习也更积极主动了。于是，我就大力表扬他，同时还鼓励同学们和小强做朋友。半个学期下来，他不再少言寡语了。原本那个爱哭鼻子的小男孩不见了，老师、同学常能看到他灿烂的笑脸。

## ✦ 同行观点

【荣霞】如果我是案例中的老师，我一定会将更多的注意力投入到这个孩子身上，特别是在开学初。因为这是他内心冲突、斗争的时候，他还小，无法用理智战胜情感，需要教师助他一臂之力，给他更多的关爱，有时家长做不到的，我们教师可以做到，因为我们对学生的爱是有原则的。

对低年级的学生，我会在开学初的第一个星期放慢讲课速度，在课上让同学们说说假期趣事，有意识地和同学们一起讲讲童话故事，看看动画影片，用这些故事、影片吸引学生的注意力，激发学生的兴趣。这样做一方面是让学生感觉上学不单调，给孩子们一个由"假期休息"到"在校学习"的过渡，让他们天天爱上学，逐步适应学校生活；另一方面，也是让童话故事和动画影片为我所用，替我说话，用其中的小道理启示学生要爱学习，要有毅力，要肯吃苦，要有智慧……用生动的故事和鲜活的动画等形式给学生上好开学后的"第一课"。一周润物无声的做人教育，一周张弛有度的纪律要求，使学生度过宽严适度的磨合期，既学到了知识，又明白了道理，还训练了纪律，为循序渐进的正常学习做好铺垫，使学生自然而然地主动融入学校的学习生活，而不是生硬地将学生拉扯到课堂学习中。

【春焕】针对小强儿童分离焦虑的症状，老师对孩子进行了比较有效的干预：和小强的妈妈聊天，了解情况；陪同小强一家向学校的心理咨询老师求助；请小强的妈妈到校陪伴小强；让小强参与班级管理，促进小强更快地融入班级，适应环境，实践证明这些做法还真是有效。

如果我是班主任老师，我还会主动学习一些关于儿童分离焦虑症的知识，然后和家长交流。根据分析，小强属于轻症患儿，主要是教育方法及心理支持的问题，首先要取得他的信任与合作。凡属于客观原因的，能够解决的问题尽量给予解决；属于主观原因的，要帮助小强正确认识到这些原因，逐渐引导小强从主观上努力克服焦虑，当症状逐渐消失后，引导孩子多参加一些集体活动，消除过去那种紧张的心理，锻炼克服困难的意志，培养开朗的性格，防止症状复发。通过家校联合让小强彻底摆脱焦虑，成为一名健康的孩子。

## ✦ 专业引领

这又是一个典型的个性儿童，他的焦虑与家长的溺爱有直接的关系。面对独生子女这一特殊群体，新的教育问题比比皆是。在家的随心所欲和在校的遵规守纪发生冲突，而"爱过盛"的孩子无法通过自己的努力尽快度过磨合期，他们焦虑、烦躁、哭闹，就是为了达到自己的目的——随心所欲。家庭的溺爱使孩子放松了自我管理，而学校的严格又要求学生学会自律，这样棘手的难题摆在了每一个教育者面前。

从小强最后的发展来看，这不属于严重的心理问题，而是孩子在适应学校教育过程中出现的自然现象——分离焦虑。在低年级尤其是小学一年级，很多孩子或多或少会出现分离焦虑的现象。案例中的小强分离焦虑更为严重，他不愿进学校，不肯进教室，甚至还需要妈妈陪着上课，他对妈妈的依赖已出乎人的意料。

分离焦虑的主要特征是离开家或离开所依附的对象（例如父母亲）时会产生过度的焦虑。发生分离焦虑潜在的因素有很多，第一是心理因素，孩子没有与父母亲建立安全的依附关系，或是父母亲过度保护导致孩子无法独立活动，会提高学生分离焦虑的几率。案例中小强显然是这种因素导致的。第二是环境因素。父母亲在面对孩子分离时表现出焦虑行为或是本身经常焦虑不安，让孩子受到了潜移默化的影响，也产生了焦虑。第三是个性因素，过度害羞或退缩气质的孩子也容易患分离焦虑。

面对小强的表现，老师不是强迫孩子进教室听课，不对小强有偏见，而是本着关心的原则与家长沟通，了解小强成长的背景以及导致小强焦虑行为的原因。只有了解了原因，才能有针对性地解决。老师留给了小强适应的时间以及成长的空间，甚至允许妈妈陪着孩子上课。当孩子出现问题的时候，及时给予鼓励，还让小强参加班级管理，帮助小强结交朋友，这些都是帮助小强适应社会生活的重要举措，使小强最终从对妈妈的依赖走向独立自主。

整个案例中，我们能够感受到老师对孩子的关爱、尊重和理解。老师们总是说自己是爱孩子的，但爱不仅是一种情感表达，更是一种教育智慧甚至是教育情怀的体现。爱孩子不仅需要激情，更需要站在孩子的角度思考问题。爱孩子就需要了解孩子，如何了解孩子？班主任可以通过观察孩子的表现、与孩子平等沟通、经常召开班会等来了解孩子。只有了解孩子的心理动态，才能实施有效的教育。

为了使小强尽快适应班级生活，消除分离焦虑，班主任还可以采取很多措施，比如：倾听小强的诉说，使孩子适当宣泄不良情绪；及时鼓励孩子，给孩子安排小任务，使孩子在学校获得成就感；组织丰富多彩的活动，使孩子在活动中体验积极的心理情绪；加强班级文化建设，使孩子感受到班级的温暖。通过这些举措，使孩子的依恋由家人转向学校，缓解因失去依恋而引发的焦虑。

让学生快乐地走进教室，由情感上的不接受到心甘情愿，这是一个教师需要动脑思考、用心实践的问题。

# 从不发言的女孩

《学习与革命》的作者戈登·德莱顿和珍妮特·沃斯在他们的书中曾引用这样一段话："如果一个孩子生活在批评中，他就学会了谴责。如果一个孩子生活在敌意中，他就学会了争斗。如果一个孩子生活在恐惧中，他就学会了忧虑。如果一个孩子生活在怜悯中，他就学会了自责。如果一个孩子生活在讽刺中，他就学会了害羞。如果一个孩子生活在嫉妒中，他就学会了嫉妒。如果一个孩子生活在耻辱中，他就会有一种负罪感。如果一个孩子生活在鼓励中，他就学会了自信……如果一个孩子生活在真诚中，他就会有头脑，平等地生活。"环境，尤其是孩提时代的成长环境对一个人的成长有重要的影响。

## ✦ 故事讲述

一年级接班，我发现班里有一个特别的女孩。下课时，别的孩子生龙活虎，唯独她看起来特别胆小，总是乖乖地坐在座位上，也不与周边的同学交流。上课时，从来不举手，总是一副害怕出错、害怕教师批评的样子。有一次上课时，我主动叫她起来回答问题，可是她只是怯怯地站起来，就是不说话。无论我怎么鼓励都无济于事。课下我与其他科任教师沟通，其他教师也反映孩子存在这样的问题。我马上意识到问题的严重性，这个女孩背后一定有故事，我必须帮助她，使她尽快走出这样的心理困境。

于是，我决定去家访。通过与她妈妈的沟通，我逐渐了解了一些导致她现在这个状况的原因：孩子从小由外公外婆带大，外公外婆就不爱说话，而且特别怕事，不愿意让孩子跟外面的小朋友一起玩，既怕自己的孩子受欺负，也怕一些磕磕碰碰的事情。为了避免一些不必要的麻烦，所以很少带孩子出去玩。更多的时候，孩子只是在家里一个人玩，导致孩子的人际沟通能力比较差，害怕与新朋友交往。而且，孩子在幼儿园曾听到老师恐吓学生，要是不听话，就关黑屋子等，因此孩子表现得特别胆小怕事，尤其是在学校这样的公众场合，面对老师，她的戒备心特别强烈。她在家里说话很正常，只是声音很小。

在了解了孩子不说话的原因后，我心里有了底。孩子不是不会说话，而是不敢说话，而不敢说话的原因就是周围环境没有给孩子一定的安全感。如果要改变孩子不说话的现状，首先就要让孩子信任教师，信任同伴，让她感觉到周围的人都很喜欢她，都愿意与她交往，给她营造一个温暖的班级环境。于是，在很长一段时间内，我利用一切机会与她沟通、聊天，让她把我当作她的朋友，同时，经常以眼神、手势、语言、微笑等鼓励她的每一个良好表现，比如她听得非常认真，字写得特别棒等。我还经常当着她的面把她的优点讲给妈妈听，慢慢地，孩子与我的距离明显缩短了许多。

终于有一天，我在课堂上，看到她怯怯地举起了手，很快又犹豫着放下，我赶紧抓住这个机会，请她起来读我手上的词条。我走到她身边，第一次听到了她说话的声音，虽然她的声音比蚊子声音还细，但我确实听清楚了，她读得很正确，我赶紧大大地表扬了她，并把词卡奖励给了她。

放学的时候，她在第一时间把这个好消息告诉了她的妈妈，她妈妈激动地跑来向我求证，我很肯定地再次表扬了她今天的进步，孩子十分高兴。在以后的课堂上，孩子发言的次数在慢慢增加，她的笑容也在一点点增加。

这个女孩是一个典型的缺乏心理安全感的新生，从小的家庭教育让她对陌生的环境充满了戒备，而幼儿园教师的语言恐吓更加重了她的这种不安全感，因此她的沉默愈加严重，最后发展到只字不吐。特殊的行为又影响到她的人际交往，同伴的负面评价更加重了她对陌生环境的不认同，也进一步影响了她的自信，给她适应新环境带来更大的困难。

为此，我主要的干预思路就是通过语言、表情、动作等细节给孩子营造一个非常安全、温暖的环境，并通过组织一些活动让这个孩子逐渐融入集体。同时，发挥家长的力量，让家长及时鼓励她，关心她，认可她。大家的爱、关心和认可会让她慢慢卸掉自己心中的"盔甲"，最终健康快乐地成长。

## ✦ 同行观点

【荣霞】假如遇到这样的孩子，我会采取以下措施：一是给孩子营造一个温馨的"家"，老师就像爸爸妈妈，同学就像兄弟姐妹，相亲相爱一家人。这样做会使渴望爱的孩子有归属感。二是通过必要的肢体语言向学生传达老师的爱，让低年级孩子感受到老师的爱抚像妈妈一样，从而抛开畏惧，卸下防备，愿意亲近，渴望交流。三是特殊孩子特殊对待，专门为这个孩子设计切实可行的短期目标培养方案，并做跟踪记录，利用激励和代币制的方法，鼓励孩子敢于张嘴说话，敢于与人交流，循序渐进地实现乐于表达的目的。四是修炼自身，从心灵到外表，做到心中有爱，眼中有人。把"特别的爱给特别的你"，用科学的、人性化的、符合孩子年龄特点的方法和策略，逐步扭转孩子的心态，让孩子心灵充满阳光，让孩子勇敢、自信、向上。

【春焕】在教育教学过程中，我们会遇到各种各样的学生，比如案例中的沉默女孩。如果我是案例中的老师，一方面我会注重在班级管理上启发、引导孩子，鼓励她发表自己的想法，在活动中积极参与；另一方面，我还要和家长进行有效的沟通，因为孩子沉默的原因大多数来源于家庭环境的影响，家人的一些言谈举止给孩子带来了负面的影响，希望家长能够带领孩子多接触外面的环境，让孩子有一些玩伴，同伴的影响往往能弥补家庭教育的缺失。我相信，通过家校的合力，一定能够逐步改变孩子！

## ✦ 专业引领

像案例中小女孩一样沉默的孩子在生活中是大有人在的。沉默是一种情感的压抑，这是一种可怕的力量。一旦沉默久了，要么失去了与人交往的能力，要么在受到外界重压下爆发，产生出人意料的结果，两者都不是我们所期待的。

孩子们的沉默，从表现形式上看都是相同的，但是究其原因，确实不尽相同。我们作为和这些孩子朝夕相处的老师，就要耐下心来，蹲下身去，认真地聆听孩子们的心声，观察他们的一言一行，真正地走进孩子的心灵，才能了解其中的缘由。案例中的老师正是了解了这个女孩的家庭背景，然后采取了一系列的教育方法，才最终赢得了孩子的进步。正所谓一把钥匙开一把锁，我们只有分析其中的原因，才能打开学生心灵世界的"心锁"！

案例中的小姑娘受家庭影响沉默寡言，受外界刺激心惊胆战，这种极度缺乏安全感的表现就是沉默。沉默是她对自己的保护方式，沉默使她与外界多彩的生活相隔绝。案例中这位善良的老师小心翼翼地呵护她，使她可以勇敢地与外人说话。这是教育成功的一小步，却是孩子勇敢前行的一大步。

最喜欢美国诗人惠特曼的这段诗："有一个孩子每天向前走去，他看见最初的东西，他就变化成那东西，那东西就变成了他的一部分……"作为一个教育者，我想对这首诗的感悟会更深。因为当一个孩子站在我们面前，他所有的表现都会是三个方面的内容：生长环境、成长经历、抚养背景。

如果我们给案例中的小女孩建立一个微档案，应该是这样的：

| | |
|---|---|
| 生长环境 | 城市，家庭成员语言交流少，主要抚养者具有焦虑及社交恐惧的心理 |
| 成长经历 | 与同伴及社会交往少；孩子在幼儿园曾听到老师恐吓学生；在学校负面评价高 |
| 抚养背景 | 老人带大，也许有与父母分离的经历 |

当我们理清了造成这个孩子现状的原因，首先萌发的情感是同情和理解。这个起点很重要，因为有些教师遇到这种情况，首先会认为是孩子自身的问题，比如性格原因，这种因素肯定有，但如果认定是唯一原因，那么教师很容易有放弃或懈怠的可能；还可能认为是孩子不够努力上进，如果是这种定位，那么教师的责任心很可能换来的是更糟的结果。

我觉得这个女孩子是幸运的，因为她碰到了一个很懂教育的老师。这位老师第一步是先了解情况，第二步是和孩子建立信任关系。"在很长一段时间内，我利用一切机会与她沟通、聊天，让她把我当作她的朋友，同时，经常以眼神、手势、语言、微笑等鼓励她的每一个良好表现。"所谓的没有安全感就是焦虑的一种表现，而针对焦虑的最有效办法就是——放松。老师用恰当的语言为引导，反复、耐心地不断给予这个孩子暗示，给她不断地呈现一个安全的环境，这位老师多么了不起呀！从这个案例中我们不但能看出老师的爱心，还能感受到专业理论带给老师的教育智慧。

水到渠成，当孩子放松下来，那蕴藏在内心深处的创造力、求知欲自然会进发出来，老师及时地捕捉，特别是把孩子的进步告诉家长，这又是一件有意义的事情。因为我们能看到孩子的家长意识到了孩子的问题，但缺少信心和方法，孩子的进步无疑也是对家长的鼓励和安慰。

需要注意的是，如果想要孩子有一个更大的转变，关键是她的家庭的转变。一般来说，情绪较稳定、意志较坚定、自控能力强的父母，在亲子沟通上较少用威胁，通常都能培养出具有安全感的下一代。也就是说，如果孩子的家长自身不改变的话，那么作为重要成长环境的家庭依然是不健康的。

## 天不怕地不怕的小陈

小学阶段的生活是孩子又一个心理断乳期，他们要逐渐摆脱幼儿期的稚嫩，来学习适应小学阶段的各种规章制度。在这个阶段，一些还处于自我意识强烈阶段的孩子往往会挑衅教师、挑衅规则。面对这样的孩子，教师应该怎么办呢？

　　对于刚刚从幼儿园时期过渡到小学时期的一年级学生，坐不住板凳是难免的，调皮的也很常见，但是，敢伸出脚来绊老师一跤的还不多见。宋雅晶老师就遇到了这样的顽皮学生，而宋老师用自己的法宝——温暖的肢体语言让班里的"小调皮"变得乖巧听话了。

　　一开学，宋老师便发现班里有个叫小陈的孩子，与众不同，可能是在家自由自在惯了，还没完全适应学校的环境，不喜欢被约束，所以经常与其他孩子的步调不一致。每次站队，他都不肯乖乖地站好，前面后面的同学都在对齐，他却还在找人聊天。别的同学看见老师来了都不说话了，他就自己说！宋老师便走进队伍严厉地告诉小陈要好好站队，不想宋老师转身欲走出队伍时，这个"小调皮"居然伸出了一只脚，想要绊老师一跤，毕竟是小孩子，力气不大，没有绊倒宋老师，宋老师回头看他，他还豪迈地放言："你会后悔的！"

　　这句"威胁"让宋老师哭笑不得，宋老师当然不会惧怕，也没有生气，却不禁反思自己：这个孩子很顽皮，却不一定有什么恶意，可能只是希望被关注，自己方才的批评是不是有些严厉了？自己是不是不够耐心？于是宋老师蹲下身来，抚摸着小陈的头，告诉小陈："这样绊老师是不对的，以后不可以这样了。一会儿先进教室吧，不过你下次站队如果还说话，老师一样要批评你。"宋老师边说边亲切地抚摸着小陈的头，小陈脸上挑衅的表情消失了，有些不好意思起来，似乎知道自己错了，乖乖地走进教室。进入教室后，小陈的表现明显好多了。宋老师知道这是孩子无声的认错。从此小陈喜欢上了宋老师，甚至很喜欢"粘"着宋老师。因为在宋老师那里，他感受到切切实实的疼爱。

就这样，宋老师用直观的肢体语言表达了自己对孩子的疼爱，而学生也理解了老师的这份疼爱，消除了与老师之间的距离感，不再调皮捣蛋了。

（北京市海淀区中关村第一小学　宋雅晶）

✦ 同行观点

【荣霞】现在的教育难就难在学生不怕老师，敢于挑衅老师的权威。案例中的小陈就是这样，面对老师的"严厉"态度和"温和"表现，他的表现有鲜明的反差，这是一个典型的吃软不吃硬的孩子。案例中的宋老师懂得借助肢体语言缓和与学生的关系，这真是巧妙的一招。

对于低年级孩子，我也会采取"怀柔政策"。我绝不会在大庭广众之下批评学生，因为那样做有损他的尊严。哪怕是一年级的小学生，也是要面子的。当发现小陈自由散漫时，我会面带微笑地走到他身边，伸出手轻轻将他的双手按在裤腿两侧，温柔地拍一拍，暗示他站要有站样儿，用这样的方法提示他站姿端正。然后，我就站在他的身边，看向其他的同学，什么也不说，就好像什么事都没有发生一样。我相信，这时候的小陈一定意识到自己刚才违反纪律了，老师非但不批评，还温和地矫正自己，自己也该知错就改了。老师这是在借助肢体语言巧妙地点醒他，既维护了孩子的尊严，又让其改正了自己的错误，不费唇舌，无需动怒，一举两得。此外，老师在小陈的身边多站一会儿，既是无声的威慑，又是对其他学生善意的提醒，达到了此时无声胜有声的教育效果。

【春焕】无声的肢体语言是一件神奇的法宝：老师轻轻地摸一下学生的小脑袋，孩子会从中体会到老师浓浓的爱；上课时老师一个会意的眼神，会让调皮的学生赶快坐好；一个竖起的大拇指，会让孩子变得更加自信。肢体语言很多时候会起到"此时无声胜有声"的神奇效果。上面的案例就是一个很好的例子。老师一开始的严厉批评，不但没有让这个调皮的小家伙闭上小嘴巴，而且还让他对老师产生了敌意，竟然伸出脚绊老师。幸好宋老师及时调整策略，轻轻地爱抚小家伙的头，一边爱抚一边说话，很显然，小家伙从中感受到了老师对他的关心与喜爱，很自觉地改正了错误。希望我们的同仁们善于运用肢体语言，让我们的心灵和学生的靠得更近！

## ✦ 专业引领

一年级小学生的心理保留着学龄前儿童的特点。处于这个阶段的孩子有意注意还不完善，注意力以无意注意为主。因此，他们特别容易被新鲜的、运动的、有趣的事物所吸引。外界的一些信息特别容易分散他们的注意力。所以在小学课堂上，特别容易出现学生随意说话、不认真听讲甚至乱下座位的现象。

一年级的孩子虽然知道自己是一名小学生了，但仍然摆脱不了幼儿期的稚嫩。他们的情绪、情感虽然有了进一步的发展，但仍然易激动、不稳定、富有冲动性，自制力也比较差。案例中的小陈好动、随意说话，但与其他孩子的区别是"不怕老师"，居然还用脚绊老师，还豪迈地放言："你会后悔的！"我们能感受到孩子的稚嫩以及可爱之处，也能感受到孩子还处于幼儿期常有的"以我为中心"的世界里。这样的孩子容易以自己为中心观察、评判周围的环境，觉得自己能主宰一切，所以就有了小陈的"壮举"与"豪言"。这是孩子童趣般情感的流露，没有任何的恶意。也许正如宋老师分析的一样，小陈或许希望通过这样的方式吸引老师的注意力，希望老师关注自己，从而赢得自己在班级中的地位。宋老师也有一颗童心，她看到了孩子行为背后的心理，所以才能蹲下身子与孩子说话，并用亲昵的动作拉近与孩子的距离，使孩子感受到老师的关心。

教师教育孩子的前提是了解学生，走进学生的心灵世界，知道学生想什么，期待什么，教育只有满足学生的心理需求，才能使学生爱上学校、爱上学习。当然，对学生的了解与尊重，并不意味着对学生的放任。

案例中的小陈明显还没有集体意识，还不能很好地理解和处理个人与集体的关系，不能理解自由与规则的关系。学校作为一个帮助学生从自然人走向社会人的重要场所，就是要让学生学会过集体生活，学会处理个人与集体、个人与自然、个人与社会的关系，使学生成为一个能遵守规则的、有公德意识的人。所以，案例中的宋老师虽然原谅了小陈的举动，但对他还是提出了明确的要求，"你下次站队如果还说话，老师一样要批评你"。这就是告诉孩子，在集体生活中必须遵守规则，否则就要受到惩罚。当然，帮助小陈树立集体意识、规则意识，还需要教师持续的、潜移默化的引导。

宋老师还给我们一个启发，对于处于幼小衔接时期的孩子，教师不仅要善于用语言与孩子沟通，还要善于用肢体语言与孩子沟通，有时候，一个微笑、一个抚摸就能给孩子带来巨大的心理慰藉。

许多时候，教育是不着痕迹的，声嘶力竭往往适得其反，润物无声却水到渠成。

# 3 班级管理

班级是学校工作的一个基本单位，是学生学习生活的基本组织。在班级里，学生不仅学到了知识，而且学会了与人交往，学会了遵章守纪，学会了尊重他人、与人合作等。在班级中，班主任担任着多重的角色，既是班集体的组织者、教育者，又是指导者、联系者和参与者，是推动学生德、智、体、美全面发展的重要人物。当然，在多重角色中，班主任首先应该做好班级管理，因为良好的班级管理是学生全面发展的重要保障，是学生有效展现各方面潜质和才能的重要前提，是学生形成健全人格的重要载体。

　　小学生天性好动，自我控制能力差，对一切充满好奇。同时，由于现在的孩子大部分都是独生子女，家长的娇惯使孩子更容易以自我为中心，行为自由、散漫。随着时代的发展以及网络的普及化，班级管理中出现的问题更加形形色色，且体现了很强的时代性。班级管理的目的就是要调动学生参与班级管理的主动性和积极性，使学生成为学习、生活和班务管理的主人，实现学生自主管理。但培养学生自主管理能力是一个长期的过程。

　　面对个性不一的孩子们，如何通过班级管理促进学生的发展，在尊重学生的基础上促进他们的社会化发展，使他们能够适应集体生活，需要班主任的教育智慧。

## 装病的孩子

　　在教育生涯中，你有没有遇到过孩子用出奇的招数来对付教师？小学阶段的学生正处在规则意识形成的时期，他们有时候对"对"与"错"还没有形成正确的认识，他们为了自己的意愿经常会想出一些奇招、怪招让教师上当，以实现他们自己的愿望。

一天下午我正在上语文课，突然有个学生举手说："老师，小同吐了……"我立即走上前一看，只见小同伏在课桌上，地面上有一小摊呕吐物，小同泪眼汪汪地对我说："老师，我病了，我要回家。"我急忙安排同学打扫污物，接着立即打电话给小同的家长。小同妈妈的单位离学校不远，她急忙赶来，带小同回了家。

谁料到第二天早上，小同的妈妈带着他来到我面前，小同吞吞吐吐地把昨天自己"发病"的经过说了一遍。事情原来是这样的：这段时间我们正在准备期中测试，学习比较紧张，而小同的叔叔刚从韩国回来，给小同带来了一套最新原版韩国动画片《晴空战士》，小同还没来得及看，为了尽快回去看动画片，便设计了一场"闹剧"，把中午剩的大米饭碾碎放到瓶子里，再倒上酸奶，趁老师上课不注意时往地上一倒，于是便出现了先前的一幕。

看着这个聪明伶俐又带着几分调皮和坦诚的孩子，一股强烈的自责感涌上我的心头。这时我想起马卡连柯说的一句话，"教师不应当在漠不关心地研究学生的过程中来认识学生，而应当在跟他们共同工作和积极帮助他们的过程中来认识学生。"为了准备期中考试，我将学生的一些正常活动都缩减了，难怪学生"想点子""找窍门"寻找娱乐。我就这件事作了自我批评，小同很受感动，他说："老师，我为了看动画片，假装生病是不对的……"我因势利导，表扬了小同知错就改，同时我感到此事的主要责任还在我自身，我只注重考试复习，忽视了学生对休息、娱乐的需求，使学习生活枯燥，影响了他们正当的课余生活，因此我必须改进教学方法。于是从此以后，我合理安排学生们的学习与生活，开展丰富多彩的课外活动。我还让小同把他的动画片拿到班里，利用中午的时间放给同学们看。下课了我和孩子们一起跳皮筋、跳大绳。小同感受到了老师的关心和理解，感受到了学习的乐趣，各方面进步较快，行为表现和学习成绩均由下游上升为中游。

通过这件小事，我和孩子们的心贴得更近了。

这件事对我触动很大，由于学生的思想和心理都尚未成熟，往往会做出一些出乎教师意料的事情，教师在解决学生的这些出格行为时，应该站在学生的层面和角度思考，以宽容之心去对待。如果在处理上述事件时我不能平静自己的情绪，将心比心地理解学生，而一味用简单粗暴的方法指责批评学生，肯定不会取得良好的效果，同时，还可能会在学生的心里留下阴影，从而使学生不敢亲近教师。我很庆幸当时清醒地认识到自己教育方法的欠缺，及时做出调整。只有用心了解学生，想学生之所想，乐学生之所乐，才能真正达到师生感情上的共鸣，才能达到良好的教育效果。

（北京市海淀区实验小学　王薇）

✦ 同行观点

【荣霞】本文中王老师本着宽容之心、理解之心去处理这一"恶劣事件"，站在学生的层面和角度去思考，采取机智的方法去解决问题，满足学生需求，真是一名智慧型教师。

目前学生中的确存在撒谎、欺骗等现象。我想，如果这件事发生在我班里，我会怎么处理，采取什么样的方法在满足学生学习需要的同时，又关注学生的兴趣需求呢？我想可以通过班会，让大家对这件事各抒己见，说心中想说的话，实事求是地发表自己对这件事的看法。当然，一定是对事不对人，而且要由点及面，由一件事拓展到一种现象，讨论"当学习任务与兴趣爱好发生冲突时怎么办？"让学生在自由辩论中明白事理，让师生在对话过程中找到"共赢"的方法。

【红延】这个案例随着事情的发展，有两处让我感到惊讶：一是没想到孩子竟然能想出这样的办法请假，"有勇有谋"；二是没想到王老师能及时反省自己，从时间安排上找到突破口。我很佩服王老师对学生的了解、关爱和宽容。能遇到这样的好老师，是学生的幸运。

如果换成我面对这件事情，首先，我希望能像王老师这样对事情有敏锐的把握；其次，我会特别看重孩子主动承认错误的勇气，我想这背后既有家长的教育得法，也有孩子向善的决心。我会很细致地了解事情的经过，我相信孩子的认错过程肯定是一波三折的，其中，既有家长的智慧，也有孩子不断地心理斗争。回顾——梳理——反省，这样不但能使孩子对整个过程能有更清晰的审视，同时，也为老师提供了很多的教育机会，恰当的认同和理解是拉近与家长和孩子情感的重要手段。

最后，我会问孩子一个问题：如果事情可以重来，你愿意在什么时候改变自己的选择？其实这就是在教孩子处理问题的方式，所谓"吃一堑，长一智"，类似的事情也许今后还会发生，那么让孩子学会自觉地选择正确的方式，是我们教育的一个重要内容。

✦ 专业引领

看到王老师的这篇案例，我不禁想到了身边发生的一件小事：

某班一名非常优秀的学生因为代表班级写一篇作文一直写到深夜十一点，没有完成教师布置的家庭作业。第二天一大早就到学校去补作业，结果被班主任批评，学生感到很委屈，其他同学也为他打抱不平。了解到情况以后，老师说："你怎么不早说？"这个学生无奈地说："老师，我说您听吗？我一解释您又会说是狡辩，罪加一等，还不如不说！"当时师生尴尬地僵在那里……

我们在教学一线的教师深有这样的体会，那就是每一位学生都渴望得到他人的理解和尊重，尤其是教师的理解和尊重。教师需要给学生留下表达的时间和空间。在上述案例中，如果老师只是对犯错的学生严厉批评，而不是耐心疏导的话，师生之间很可能产生隔膜，绝不可能达到良好的教育效果。

面对说谎的孩子，很多老师会与学生"较真"，要说清楚"是"与"非"，"对"与"错"，"较真"的结果常常会让学生离老师越来越远，与老师们的教育初衷相背离。难能可贵的是，王老师选择了"宽容学生的错，理解学生的需要"，通过自我反省，调整策略，主动走近学生，让学生在融洽的师生关系中快乐地成长！所以，老师对学生不要训斥，不要高高在上，而应该做一个和气的人，一个严谨的人，一个值得尊敬的人，一个为人师表的人。

宽容的内涵是什么？"宽"学生的过失和幼稚，"容"学生的错误和莽撞。宽容不是简单的原谅，而是建立在对学生充分地爱、理解、平等和尊重的基础上，使学生在融洽的氛围中愉快地认识错误或问题，让学生在期待与赏识中发挥成长的主动性，不断努力，取得进步。同时，教师身体力行的宽容之举也会让学生在宽容中学会忍让和体谅。

宽容会给师生留下时间和空间，可以让孩子自由舒展灵性。宽容可以拉近师生之间的距离，让教师停下来分享孩子成长的快乐，享受做老师的幸福。做到宽容最重要的是对学生的感受给予重视，承认并接受学生的感受，让学生在"被理解""被关怀"中产生向上生长的力量，自觉反省、主动调整。文中王老师就是在了解学生说谎的原因、理解学生心理需求的基础上，为学生留下调整的空间。教师通过满足学生的"成长需要"与学生建立了良好的关系，收到了较好的教育效果。

面对犯错的孩子，教师不妨试试这样与学生交流：

1. 发生什么事了？鼓励学生把事情讲出来。

2. 你的感觉如何？你怎么看这件事？重视学生的感受，不轻易做是与非的判定。

3. 你打算怎样解决？启发学生自己想办法，主动解决问题。

4. 还有没有别的办法？这些方法的后果会怎样？引导学生把问题想全面。

5. 你决定怎样做？相信学生会做出合理选择。此时，可以在尊重学生选择的前提下，给予一定的建议。

6. 老师能帮你做什么？给予学生实际的帮助，做学生的坚强后盾。

7. 下次碰到类似的情形，你会怎样办？举一反三，启发学生思考总结事件的经验教训，让学生在解决问题中学会做事。

教师要引导学生把自己的感受用语言表达出来，教师理解并接受学生的负面感受，启发学生思考如何去做，学生会因受到鼓励而产生进步的意愿。教师是教育者，教师的行为本身就有教育作用。生活在宽容中的学生，在社会生活中才能学会宽容！

"塞翁失马，焉知非福。"其实，出现问题不可怕，问题恰恰是最好的教育契机。教师需要做的就是抓住机会，巧妙引导。变坏事为好事，靠的是先进的教育理念——以人为本；真挚的教育情感——爱心奉献；丰富的教育智慧——科学育人。

# 他为什么爬上攀登架不肯下来

班级管理的首要任务是保证学生的人身安全。因此，班主任总怕学生做出一些出格的行为。但是由于小学生，尤其是男孩子，生性好奇、爱探索、活泼好动，总会有出人意料的行为。面对下面的情境，想想你会怎么做呢？

## ✦ 故事讲述

"没有爱就没有教育"，在成为教师的那一刻起，我就将这句话铭记于心。但在现实的工作中，我颇有些疑惑：有了爱，就可以使学生由厌学变得勤奋，由稚嫩变得成熟，由叛逆变得理智了吗？为什么总会听到这样的抱怨：我们这样的辛苦那样的劳累，而学生们面对我们的良苦用心却似乎总是无动于衷。

是的，不可否认，教育是"用爱唤醒爱"的过程，但如何去爱，却是一门学问，作为老师，不仅需要有爱的善意，更要有爱的能力，爱的智慧。

还记得那是一个初冬的下午，当我开会回来刚刚走进校门时，远远就看到小花园的攀登架最高一层上伏着一个瘦小的身影。攀登架将近 2 米高，从上面摔下来肯定会受伤的，学校无论集会还是广播已经说了不知道多少次，可是总是有个别学生屡次冒险。

本想直接喊他下来，又担心吓到他反而发生危险，于是我急忙向小花园走去。边走边观察这名学生，从身形上看应该是一年级的学生，别看年龄不大，胆子可真不小！只见他拿着一张皱皱巴巴的纸，爬到攀登架的最高处，把它扔下来，再迅速下来捡起纸，再爬上去扔，如此循环往复，玩得不亦乐乎。虽然有几次差点踩空发生危险，但他却毫不在乎。

我趁他下来捡纸的时候，拉住了他："这么冷的天，怎么一个人在这儿玩呢？你看你爬到上面那么高，多危险啊！万一掉下来……"我话还没说完，他已经挣脱了我，又爬了上去，还边爬边回头跟我说："我才没那么笨呢，摔不着的！"

他这一回头，我才看清楚，原来是他！我们班的天瑞！一个以自我为中心的学生，只要自己想干的事情，从来不分时间、场合，无论领导、老师、家长谁也阻止不了他！我也就他的问题和他的家长、心理老师交谈过。但是对于一个6岁的孩子来说，无论是成长或是改变都需要一个过程。

"天瑞，你这要是摔下来，可得去医院缝针，可疼了！"

"你自己玩多没意思啊！要不你下来，咱们找同学玩去！"

……

无论我说什么，他就好像没有听见一样，我真有些急了！"天瑞！你再不下来！以后课间活动你哪儿都别去！就在我办公室站着！"他还是无动于衷。于是我开始伸手抓他，想把他抱下来。他不但不害怕，还觉得挺有意思，左躲一下，右闪一下，我意识到这样更加危险，于是只好停了下来。

僵持了足足10分钟，我的教育一点效果都没有。我就真的拿他没有办法吗？这个攀登架有什么好玩的呢？他到底在干什么呢？我开始观察他的行为。仔细看他手里的那张纸，好像是被故意折成了什么，但实在看不出是什么，联想到他的动作，我猜测着说："天瑞，你手里拿的是纸飞机吗？"

"是！"终于有回应了。

"你是在试飞吗？"我进一步试探道。

"是啊！"

"你看，飞机都是从地上往天上起飞，哪有你这样从天上往地上起飞的呢？快下来，咱们站地上试飞吧！"我急忙引导他。

"我的飞机从地上飞不起来。"他不好意思地看了我一眼。

"其实，我也不会折飞机，但是我认识一个折飞机折得特好的老师，他折的飞机能飞很远。我带你找他，让他教你，好不好？这样你的飞机就能从地上起飞了！"

"行！"他爽快地答应了，急忙从攀登架上下来，举着他的纸飞机站到我身边。

"天瑞，你抬头看看攀登架多高啊，你刚才那么爬上去，太危险了！不过，鉴于你是为了试飞，我就先原谅你了！下次有什么自己解决不了的困难，要先找老师帮忙，好吗？"

"行！咱们快去找那个老师吧！"

于是，我把他带到了科学办公室，张老师很热情地接待了这个"好学"的小朋友。

细细想来，他的初衷并不是故意违反学校的规定，其实攀登架对他来说只是"试飞"的工具，如果我真的不问青红皂白就把他拽下来，批评一通，他即使不会再纠结于攀登架，也会再去找其他的"制高点"。

反思我们的教育，有时我们即使在爱的名义下，所做的只能称得上是"管"学生而不是"教育"学生，我们难免会由于一时急躁，仅仅纠正了学生的行为，而忽视了学生的心理。只有爱，不见得就能教育出好孩子来。因此，真正的教育光有爱是不够的，还需要有智慧，而教育智慧不是现成的、固有的，而是在教育过程中不断总结、反思、积累产生的。

身为教师，我们的工作应是："爱在左，智慧在右，走在生命之路的两旁，随时撒种，随时开花，将这一长途点缀得花香弥漫，使穿枝拂叶的莘莘学子，踏着荆棘，不觉得痛苦，有泪可流，却觉得幸福。"

（北京市海淀区民族小学　富春媛）

## ✦ 同行观点

【荣霞】读完这一案例，作为同行，我感动于老师对孩子本能的关爱——发现有学生在攀爬，急忙走过去劝阻；感动于老师对孩子的耐心——面对这样一个以自我为中心的孩子，软硬兼施，无奈之际仍不放弃，只为了保障孩子的安全；感动于老师教育的智慧——动脑筋，想主意，想孩子所想，换位思考，因势利导，关注学生心理，满足孩子需求，一举两得。教育的创造性就在于此。

如果是我遇到这样的事，我在生气、着急之余，也会想方设法把孩子"救"下来，毕竟安全才是最重要的。因为了解这个孩子的脾气秉性——自我、固执，所以不能采取强硬的态度令其下来。在第一时间发现是他时，我会快速思考对策，因材施教最重要。对学生的教育必须因人而异，对症下药。

对固执己见的孩子，我会采取以柔克刚的方法。我会跟他聊

"为什么放学不回家啊？""这小飞机是谁折的？"乘机夸他的"手艺"真棒，目的就是哄他高兴，使他放松警惕。然后再"恳求"他："带我一起玩儿吧！"将其"诓骗"下来，脱离险境。在和他"放飞机"的过程中，再"泼冷水"："你手艺很棒，但常识太少，哪有让飞机栽跟头玩的？飞机要平稳飞行才好，飞得越远越棒，看来你这飞机有严重技术问题。"在他不知所措之时，赶紧出主意，想办法，为其解决后顾之忧，或引荐"专家"，或"求助"同学，帮他提高制作技能。不过，这其间一定要察言观色，不能惹恼他，要让他心甘情愿、迫不及待地"往套里钻"。这样，老师就占据了主动："引荐专家可以，不过必须得答应老师再也不能登高爬梯了，多危险啊！再说了，这可是学校的要求。答应就成交，不答应就遗憾去吧！"总之，就是要激起这个孩子想改进叠纸飞机技术的愿望，趁机和他煞有介事地"拉钩上吊，一百年不许变"。教师就得见机行事。

【春焕】看完这个案例，我不禁为这个老师捏一把汗，天瑞小朋友从攀登架上掉下来怎么办？从案例可以看出，这个老师是一位极其有耐心的老师，面对着小天瑞的执著试飞，她一直保持着耐心，并尝试着运用多种方法和他沟通，直到最后孩子和她一起去向科学老师学习折叠纸飞机，才离开攀登架。

如果我面对这样的学生，我不会就此结束，而是要就这件事情和他继续交流，我会拉着他的小手再次来到攀登架前，冷静下来让他设身处地地想一想：如果真的摔下来，后果会怎样？引导孩子了解这样可能受伤，可能还要到医院接受治疗，要忍受疼痛，会耽误学习；爸爸妈妈会很心疼，还会因为到医院去照顾他，影响工作；老师看到学生受伤，也会心里很难过，同学们也会很着急……让天瑞知道自己的任性很可怕，会让身边爱他的人受到伤害。

在平时的学习生活中教师要从各个角度转变天瑞的"自我为中心"的意识，比如他的作业写得好，老师要引导家长、同学都来表扬他；如果他遇到不开心的事情，大家都来帮助他解决，让他感受到别人对他的爱与关怀，逐渐扭转他的"自我中心"意识。

✦ 专业引领

案例中的班主任老师敏锐地发现了安全隐患，通过观察与对话找到了问题的症结——为了试飞纸飞机而爬到高处，再通过疏导，机智有效地避免了可能出现的学生安全事故，保护了学生的人身安全。这是一个比较典型的运用教育机智化解危机的案例。

教育机智是教师在教育、教学过程中的一种特殊定向能力，是指教师对学生活动的敏感性，教师能根据学生新的特别是意外的情况，迅速而正确地做出判断，随机应变地及时采取恰当而有效的教育措施解决问题的能力。教育机智是教师良好的综合素质和修养的外在表现，是教师娴熟运用综合教育手段的能力。苏联教育家马卡连柯说过："教育技巧的必要特征之一就是要有随机应变的能力，有了这种品质，教师才能避免刻板公式，才能估量此时此地的情况和特点，从而找到适当手段。"日常工作中，可以从以下三个方面入手，运用教育机智处理问题：

第一，敏锐发现问题，及时应变。教育过程是一个动态的活动过程，教育对象是性格各异的学生，不同情境很容易引发学生的不同反应。教师要善于发现问题，既能发现显性问题——及时捕捉到学生的情绪状态和变化，又能细致地发现隐性问题——那些隐藏着的"危机""危险"苗头。案例中教师对学生人身安全的敏感性很强，一见到孩子爬到高处，就迅速做出反应，马上停下脚步去劝阻，化解危机。教育机智发自偶然，储之久远。

第二，抓住关键节点，运用策略处理。面对已经出现的状况，教师要冷静，能够透过纷繁的表面现象，抓住关键结节，当机立断处理事情。案例中教师通过对话了解到学生爬高的真实原因是为了试飞"纸飞机"，由此找到了问题的关键："如何让纸飞机飞起来"。找准问题，策略也就好制定了。临危不乱方能急中生智。

第三，抓住教育契机，由被动应急到主动促进成长。如果案例中班主任老师在成功解决安全问题之后，进一步激发学生的兴趣，因势利导引导学生自己解决问题，鼓励孩子动手尝试，主动攻关让纸飞机真正飞起来，让学生在探索中增加新知识，获得成就感，这一意外事件的教育意义就更深远了，教育就会从被动"堵"走向主导"疏"，从防范学生出现意外，到主动引领学生懂得保护自己。把突发事件生成为新的教育资源，把教育机智提升为教育智慧，从而促进学生成长。智慧的教育既能让学生懂得有所不为，更能懂得有所为，懂得创造和探索的意义。学生的创造力就是在尝试中，有时甚至是在"破坏"中培养出来的。

教育就是要在尊重生命、关注个性、崇尚智慧的基础上，创设一种自由、和谐、开放、创造的氛围，激发孩子的天性，引导孩子积极、主动地自我学习。从某种意义上说，教育是一个让学生孕育梦想、追寻梦想、实现梦想的过程。智慧的教育能给学生情感的支撑和智慧的启迪。

要始终相信每个孩子都有无限可能！教育遇到难题时，教师要自行降火，要根据孩子的性格特点，善用计谋，巧妙疏导，千方百计掌握教育主动权。

案例中有一句话我非常赞同：我们有时难免会由于一时急躁，

仅仅纠正了学生的行为，而忽视了学生的心理。应该说这个老师关注了学生的心理，了解到他是为了试飞纸飞机才不断地攀爬攀登架的，最后找到了解决问题的办法。但是这种"关注"还不够，如果不能够彻底扭转孩子"自我为中心"的意识，那么老师的教育将陷于被动，像类似于"攀爬攀登架"这样的事件会不断地发生。因此，在今后的学习生活中，要逐渐培养孩子的责任意识，让孩子学会站在他人的角度思考问题。

# 违规单引发的"风波"

没有规矩不成方圆。在班级建设过程中，班主任必须通过制定一系列的奖惩机制来维持班级秩序、营造良好的班风和学风、提升学生的公德意识。惩戒是必需的，关键是如何用好惩戒，使学生对□□□口服，并且通过惩戒能促进学生的成长。很多时候，不恰当的惩戒会使学生不满教师的管理，增加了学生对教师，甚至是同伴之间的敌对情绪。惩戒是班主任管理班级的手段，能体现班主任班级管理的艺术。

✦ 故事讲述

　　小意长得精神而帅气，但却是一个特别淘气的学生，自律意识较差，上课经常无故和周围同学讲话，路队中纪律松散，课间和同学追跑，吃饭时也不遵守纪律。因为他行为习惯不好，因此在班级评比中，经常被中队干部点名批评，并多次被下发班级规则违规通知单（凡是一天内违反班级规则两次以上的学生，将由中队干部填写当天的"班级违规通知单"，发给家长签意见）。

就在一次小意收到"违规通知单"的第二天，我收到了小意妈妈的一封来信，全文如下：

袁老师：您好！

自从上次在学校与你交谈之后，有感于您对小意的鼓励和耐心，我认真反思了自己的教育方法。以前，我看到他做事慢、不专心就着急，这种情绪也影响了他，我在他身边他就更紧张，做事就更慢，恶性循环。现在，他做作业，我做自己的事情，我遇事也不急，不对他大声叫了，他反而一天天进步了。

最近，班里开展遵守班规的活动，我们很支持。这星期小意拿回了两张违规通知单，他承认美术课上说话，以后要改正，而对于在路队中说话有点不服气，认为提的意见不对。今天，这张单子拿回来，他情绪很不好，问了半天也不说话，说急了还掉眼泪，最后问清楚了，是在小饭桌吃饭时说话了。我不太清楚小饭桌吃饭时的具体要求，只能跟他说你不能大声喧哗，影响其他人。另一方面，他觉得有些不公平，有些人可能也有同样的行为，为什么只给他发单子。对于这种情况，我们家长肯定是给予正面的教育，但孩子有时不能理解，反而有抵触情绪。我担心的是这种情绪会影响到他现在的进步。对于给他写违规单的同学，我不能说他们不对，因为他们也是在认真做事。袁老师是否能把握一下，或劝导小意一下，他对这件事很在意，说明他还是要求进步的。我很担心他会像上学期那样，老师常批评他，请家长，到最后，他有点破罐子破摔了。您看怎样能让他保住现在的积极性，又能让他认识到不足？

谢谢！

小意家长：郑珍珍

小意是一个自律意识很差的学生，经常违反班级规则，因此会多次收到违规通知单。从家长和小意的反应可以看出，他们很重视班级开展的关于遵守班级规则的各项活动，也很在意是否"被通知了"。

小意以前行为习惯很差，经常挨批评甚至破罐子破摔，如今有了上进心，虽然纵向比较，他有了一定进步，但是行为习惯却还不能达到班级整体水平，在横向的比较之中，仍落后于其他同学。由于小意长期在集体生活中得不到教师的欣赏和同学的认可，因此他没有归属感，当自己不遵守纪律时，他内心就认为同学在拿有色眼镜看他，不是自己不遵守纪律，而是当天值日的中队干部不公平，内心就会不服气。所以当小意收到通知单的时候，难免就有抵触情绪。

从家长的信中可以看出，这是一个长期焦虑的家长，需要教师的抚慰和有效指导。我主要采取了以下措施：

1. 了解真实情况

收到家长的来信后，我分别找了当天值日的中队干部和小意了解情况。情况如小意所说，在整天的课堂上他确实表现良好，主要在小饭桌吃饭时说话现象严重，当时也有其他同学说话了，但是小意违纪现象最严重。

2. 对小意晓之以理

我随后又找小意谈心，表扬了他开学以来的进步，同时指出当天说话的错误行为是不对的，而且指出他违纪现象严重，不仅损坏了自己的荣誉，还损坏了集体荣誉。通过谈心，小意心悦诚服。

3. 积极回应家长

在处理完一切事情之后，我当天给家长写了一封回信，全文如下：

小意妈妈：您好！

很高兴您能及时把孩子的现状通过这种方式告诉我，因为作为教师，对于教育过程中的点点滴滴，有时不可能全盘把控，而您的信息给我对孩子的教育提供了第一手资料，我要谢谢您！

很高兴看到开学一个多月了，小意各方面取得了很大进步，特别是他有了很强的上进心和自尊，这对一个孩子来说是难能可贵的，这也是他今后能否进步的有力保证。这都是我们家庭和学校共同教育的结果。

同时，我很高兴看到您的教育方式发生了改变，孩子的人生之旅会因为您的改变而发生改变，这对孩子的成长来说，是一件幸事，对您的家庭来说，也是一件幸事。因为孩子是一个家庭的未来，是父母生命的延续，是父母全部的希望。相信您的教育方式改变之后，您的孩子会带给您异样的惊喜。

多年的教育经验告诉我：每个孩子都是可塑之才，因为每个孩子的内心都是渴望向善的，虽然有时错误的思想和言行会一时出现在他们成长的过程中，但是因为他们是未成年人，犯错误是他们的权利，他们是在不断犯错误的过程中不断积累人生的经验，不断成长进步的。而我们作为教育者（包括家长），就是要用正确的观点和态度，对待孩子成长过程中犯错误的事实，然后正确引导，教会他们如何去正确对待错误，怎样做才正确，避免今后不要再犯类似的错误，为孩子的成长保驾护航。

班级开展的各项评比和活动，就是为了激发孩子的进取心和集体意识，在一定程度上起到了积极的推进作用。使用班级违规通知单，刚开始我也很有顾虑，害怕部分学生在进步的过程中，由于自我约束能力不强，过多的通知单会打击他们的信心。从目前班级中学生的表现来看，很多孩子有了很大改变，学生们也很重视，特别是小意，这些都是很好的现象，也很正常。

今天我找小意谈了，他也承认自己在吃饭的时候确实说话过多，给自己和集体造成了影响。同时，我也对中队干部们强调，今后下发违规通知单，必须经过老师把关。

我会尽力呵护孩子的上进心，也请家长积极配合！愿孩子能在我们的共同教育下，一天比一天进步！

谢谢！

袁老师

事情得到了及时处理，但是，小意的不满还在继续，在纵向的比较中，虽然他在进步，但是和集体相比总还存在差距，因此他仍然不断被中队干部记录。有一次，他甚至把通知单扔进了垃圾桶。放学后，我对其进行了家访。当我走进简陋的一居室，凌乱，破败，但是在拥挤的房屋内，墙上却贴满了英文单词，我深深体会了父母的良苦用心，为了孩子，他们在学校附近租了房，孩子就是他们全部的希望。但是，随着年龄的增长，孩子的发展却与父母的良好期待背道而驰，到底孩子这种不良的行为习惯是如何形成的呢？难道是学校单方面教育的结果吗？我想只有找到了原因，才能对症下药，这是我今后要深入了解并逐步完成的工作。

刚接手新的班级，学生的行为习惯很糟糕，班级违规单是配合班级评比制度而产生的，目的是为了能及时向家长反馈孩子的在校情况，使家长能够配合老师对孩子加强教育，刚开始确实起到了一定作用。但是，填写违规单的是班级中队干部，他们是未成年人，怎样保证评比的合理、公平、公正？特别是面对像小意这样的有很多缺点，又有可贵上进心但是行为上不能自律的孩子？中队干部在评比的过程中，难免有失偏颇。每天邀请两名同学和中队干部一起值日的做法，就是让所有同学都能参与班级管理，使班级事务的处理公平、公正、公开。同时，每天下发通知单，我都要经手过问，避免滥发违规单给学生造成负面的影响。

班级的任何一项评比，虽然都有积极的一面，但是不是对所有同学都能起到积极的促进作用。对小意这样的孩子，如果长期使用，将会打消他们的积极性和上进心，但是不使用，他们又会无视集体的纪律，这是难以调和的矛盾，如何解决呢？后来，我每天把"违规单"和"表扬信"搭配一起使用，既有批评，又有表扬，这样就有了教育的平衡之美，避免了一味批评而使学生失去信心，当学生进步的时候适当给予表扬，能让他们心中亮起希望之光而努力向上。平衡是一种艺术，要在教育过程中把握一种平衡，不是一日之功，需要教师不断深入地了解学生。

（北京市育英学校　袁凤芹）

## ✦ 同行观点

【荣霞】看过这个案例后，我对袁老师充满敬意，因为她对孩子有真挚的爱和高度的责任心。遇到像小意这样有很多缺点，又有可贵上进心，但是行为上还不能自律的孩子，我们应该怎么办？作为教师，我不会采取这种方式进行班级管理。"班级违规单"看似公平地进行了班级管理，可其中暗藏的隐患实在太大。

对长期以来行为习惯不好的学生来说，他们的不良习惯已经养成，不是一天两天能"旧貌换新颜"的，总得给他们一个磨合、过渡的阶段，让他们"去除恶习，从善如流"。可违规单专治"严重违规者"，因而这些孩子是避无可避的。他们的一切行为都在学生干部的眼皮底下，而学生干部又不会"弹性教育"，当然只能拿这些最不守纪律的"坏分子"开刀了。其实，这些孩子和自己的过去比，可能都是在进步的，然而他们的缺点掩盖了进步之处，就不易被人发现，他们当然觉得委屈，甚至丧失了进取心，破罐子破摔。

换一个角度看，"违规单"下发给家长，一次、两次，家长还能接受，次数多了，家长就会心生反感，认为学校专门针对自己的孩子，从而引发家校矛盾，非但不能帮助老师进行教育，还有可能成为学校教育的"绊脚石"。

【春焕】如果是我，我就会废除"违规单"，多用"表扬信"，给学生以激励，让优秀生好上加好，让中等生超越自我，让后进生心怀希望，让班级中的每一个人都能一心向善、一心向上。

首先要发动全班同学共同制定切实可行的班级文明公约，用公约约束学生在校的一言一行。若学生违反了公约，给学生几个选项，如何将功补过。要么写一写自己对违规行为的认识，这绝不是处罚，而是让学生对自己的错误行为进行深刻反思，以杜绝此类错误行为的再次发生；要么允许学生以为集体做好事等形式来弥补自己的错误行为，给有意或无意犯错误的学生以"改过自新"的机会（因为犯错误是孩子的权利）。一旦学生做了好事后，还要大力表扬这个孩子知错就改的行为，号召全班同学向其学习。再有，给学生改正错误的机会，学生也会心存感激。

此外，教师传递给家长更多的应是正能量，孩子只要没有犯原则性错误，就没有必要告诉家长，徒增家长的烦恼。学生都是很要面子的，哪怕是面对自己的父母。作为教师，要尊重每一个学生，哪怕是最顽劣的孩子，因为他们都是有尊严的个体。其次，教师可以充分利用班级文明向上的"能量场"来带动、影响自律性差的学生，利用班级文化建设来潜移默化地感染学生，利用"兵带兵"的策略来转变学生……总之，教师对那些"特殊儿童"一定要给予特殊的关爱，选择任何一种教育方式时，都要让学生口服心也服。

✦ 专业引领

随着时代的发展，社会的进步，孩子的教育问题越来越成为摆在教育者面前的难题。任何一种好的教育方法也不适宜推广到所有孩子身上，因为人和人之间是有差异的，所以孔子很早就提出"因材施教"的教育主张。教育是艺术，艺术需要创造；教育是学问，学问需要钻研。

我非常赞同"慎用班级违规单"的主张。这主张既肯定了班级规则的积极意义——规范学生言行，培养良好行为习惯，保证班级各项活动有序开展、增强集体凝聚力等；又在如何发挥班级公约作用方面提出了自己的主张——在深入沟通的基础上，让学生认识到自身存在问题，同时，与家长保持良好的沟通，家校合作共同做好学生工作。这体现了老师对学生的关爱、对家长的理解、对于"班级规则"这种常见管理手段的正确认识，体现了教师的教育理性。

班级规则往往作为一种外部力量，成为班级日常管理的策略和手段，用以构建影响学生的成长环境。"班级违规通知单"将学生在班级中违反规则的情况反馈给家长，帮助家长及时了解孩子在学校的表现，及时干预，帮助孩子改善行为习惯。但同时，一张小小的违规通知单有时又会将一些应由学校承担的教育工作转嫁给家长，以致我们可能会在学生成长过程中失去最恰当的教育时机。违规通知单可能让孩子失去自信，丧失集体生活的勇气和愿望，甚至出现厌学的情况。家长接到过多的违规通知单，有的会对自己的教育方式逐渐失去信心而焦虑、无助，有的会主观地认为是老师对自己和孩子的不信任，因而与孩子一起走向"逆反和抵触"。

我们可以尝试把外在约束的班级规则变成孩子自主拟定的"幸福成长守则"。"幸福成长守则"是把对成长过程的思考与把握交给学生自己，引导学生从自身出发思考成长过程中需要遵守的"规则""公约"，把外在的约束变为主动、自觉的内在约束。

首先，我们要关心学生的感受，用学生能够接受的方式引导教育学生；修订原有的条条框框式的"班级规则""约法三章"，让学生自主拟订"幸福成长守则"，乃至奖罚的具体措施都要体现学生的幸福指数，彰显浓浓的人文关怀，让学生的内心萌发幸福感。

其次，鉴于学生个性不同，同一班级学生的表现也是各有不同的，正所谓"莲之出水有先后，十个指头有长短"。教师既要欣赏各方面发展顺利、表现优秀的学生，更要细心呵护那些自制力差、学习有困难的学生。学生最怕被贴上"差生"的标签，最怕被老师"告状"。有时候，违规通知单在学生心里是"告状"，在家长眼里是"学生有问题"，因此学生的自信心受到打击，自尊心受到伤害。如果违规通知单接到的多了，会意味着学生从集体得到的是较多的负面评价，家长和学生都可能产生压力、焦虑，对学校和老师失去信任。而教育的目的不是让家长知道学生的问题，而是家校合作积极主动地培养学生好的习惯。信任是家校合作的前提。这就需要教师能够正视学生的差异，小心呵护所有的学生。从学生学习和生活的细微之处发现并挖掘学生的"闪光点"，学会用"放大镜"查找学生的优点，及时加以表扬、引导，唤起学生内心争上游、争荣誉的欲望，让学生在"鼓励中发挥特长，在微笑中认识不足"，引导学生健康成长。

教师可以把违规通知单变成"幸福悄悄话"，当学生懈怠时，在全班范围内开展幸福小调查，评出最让学生感到幸福的事情，用无声的提醒，让更多的孩子加入幸福的行列。还可以与家长开展传递"幸福飞信"行动，通过信件来往传递师生悄悄话。

班级的管理不能是刚性的，一定是刚柔并济的，而且是充满人性的，是感性与理性相结合的。

教育是一种慢的艺术：需要平静和平和，需要细致和细腻，需要耐心和耐性，更需要正确对待孩子的不足、缺陷甚至错误。每个人的成长过程，就是点滴错误、点滴成绩、点滴感悟累积而产生质变的过程。在这个过程中成长的不仅仅是学生，还有教师自己。

## 班级网络平台中的"黑客"

网络是当代班主任进行班级管理的重要载体。班主任往往利用班级邮箱、班级QQ、班级博客、班级网页等来加强与学生之间的沟通。网络交流的平等性、公开性、及时性、互动性能提高班级凝聚力，但是网络交流的隐蔽性也容易使孩子把它作为情绪发泄的地方。

✦ 故事讲述

网络时代的到来，给我们的工作带来了更多的便捷与创新的机遇，同时也让我们面临更多前所未有的挑战。作为一个教育工作者，我深深知道我们必须与时俱进，才能培养出符合我们这个时代要求的接班人。我认为，信息能力的提升固然重要，但更重要的还是人的信息素养的提高。

2008年10月——接到新班后的一个多月，我申请了班级公共邮箱。公共邮箱的建立给我的工作和学生们的学习带了极大的方便：它不仅使师生、学生间的交流更加方便和快捷，也成为架在家校之间的桥梁。

但好景不长，2009年11月，我发现传到公共邮箱中的邮件被人删除，庆幸的是，它出现在了"已删除的邮件"中！

2009年12月，我上传的学习资料邮件被彻底删除！同月，公共邮箱密码被人改动！

2010年1月，我再次申请公共邮箱，并告诉家长不要再把密码告诉学生。同月，我传到邮箱中的资料再次被删除！

2010年4月，我和本班所有女生收到同一个发自于公共邮箱的邮件："如果你们对老师有意见，你们可以站出来直接去找老师。如果老师敢批评你们，我给你们做主，我会看着你们的。如果你们不听我的话，我就让你们难看，这绝不是在恐吓你们！哈哈哈哈哈哈哈……给童年留下点美好的回忆吧！哈哈哈哈哈……"

2010 年 6 月，距离学生毕业还有半个多月的时间。我再次收到发自公共邮箱的邮件："你就是个神经病！都快毕业了，还给我们留作业！……你脑子注水了吗！你要是能说服我，就把邮件发到这个邮箱，否则……"

近一年来，针对邮箱发生的种种状况，我反复细致地思考着，分析着，试图撩开这些事件背后操作者的神秘面纱……

我对这些事件的分析随着事态的不断发展而不断深入。

第一，删除邮件的行为不断出现，说明不是误操作，而是有意为之。

第二，家长把我再次申请的邮箱密码告诉了自己的孩子，可见，这个孩子在家长眼中是非常诚实的人。

第三，这些被删除的邮件都是我指导孩子们学习的复习资料，由此来看，这个敢于多次删除邮件的学生要么就是个不爱学习的学生；要么就是课外学习繁重，不愿意再完成学校学习任务的学生；要么就是学习还不错，但是担心别人超过自己，心胸狭隘的学生。

第四，从他（她）始终用公共邮箱给我和同学们发邮件来看，他（她）其实很怕别人发现自己，是个爱面子的学生。

第五，删除邮件、修改密码，以及发送恐吓和人身攻击的邮件，这些行为很可能是一个人所为。

第六，从他（她）邮件中对同学的错误引导和恐吓以及敢于对老师进行人身攻击和恐吓来看，这是一个对自己的行为不但不感到愧疚，反而还在幸灾乐祸的心理扭曲的孩子。

第七，作为教师，在事件的发生阶段没有能够采取有效的手段遏制他（她）的行为，是事件继续向不良方向发展的潜在原因之一。

如果这个孩子直到小学毕业离开时，还不能被发现、教育，那么这不仅是我的遗憾，也是我工作无能的表现，同时，这个孩子未来的发展会更加难以预料。因此，我下定决心，在学生毕业前必须解决这个问题！

在虚拟的网络世界中，作为一个普通人，要查出带有神秘面纱的人谈何容易！随着事件的不断发展，我采取了不同的方式和手段：

1. 信任

让学生相信在老师心里每个孩子都可以成为品学兼优的人。

面对邮件一次次被删除，我尽管确信这是学生有意而为之，但在同学和家长对此感到不满时，我依旧微笑面对："有的同学总喜欢和大家开玩笑，以后可不要这样了，要懂得'己所不欲，勿施于人'的道理。没关系，我再把资料给大家传一次。"

2. 改变工作的手段

为了避免他人恶意修改邮箱的密码以及再次删除邮件的行为，2010年1月，我要了所有学生的邮箱地址，将需要下发的资料直接传到学生本人的邮箱中，避免了学生收不到重要复习资料的情况发生。

3. 召开主题班会

面对不断出现的不文明的网络行为，作为教育工作者，我们该怎样培养学生文明上网，提高学生的信息技术素养，这是摆在我们面前亟待解决的问题。我始终相信活动育人是解决问题的途径之一。在这种情况下，由我倡导、策划，由孩子们主持的主题班会《做一个网络时代的文明人》召开了。

班会上既呈现信息技术的发展带给人类的变化，也展示信息技术改变人类生存现状的美好的憧憬；既有学生们合理、正确地利用网络进行学习的现身说法，也有青少年利用网络犯罪，最终难逃法网，给人生带来莫大遗憾的惨痛事件；既有学生的参与，也有教师的主题发言。

4. 请求专业人士的帮助

针对 2010 年 4 月和 6 月的两封恐吓及人身攻击的邮件，我给公安部门的朋友打电话询问，希望通过他们查找发件人的 IP 地址。遗憾的是只有网络 110 才能解决这个问题。于是，我先在反垃圾邮件中心进行了投诉，可却没有得到任何结果。

5. 欲擒故纵

我写了《致网络 110 的一封信》，并把收到的两封邮件以图片的形式附在信的下面。这封信全文呈现在教师电脑的桌面上，我猜测，学生们下课后一定会有人出于好奇会看看老师的电脑上有什么。那个课间，我没有像往常一样来到教室。果然，当我隔了一个课间来到班里，嘉南马上跑来说："马老师，您这些天一定非常郁闷吧？"

我故作平静地对他说："没有啊！怎么啦？"

"我们已经看见您写的东西了，也看到您收到的那些邮件了。我们都在给您分析，这事是谁干的呢？"

"谢谢关心啦！老师是大人，说我'神经病，脑子注水了'，我不是好好的吗？别调查了，没事的，我已经知道是谁了！"

看来，孩子们已经在班里开始谈论这件事情了，我相信那个学生也一定感到了事情的严重性。这件事应该有望很快解决。

第二天，我对全班同学说："昨天有同学已经看到了我写给公安部门的报警信。如果不是无意中被你们看到，直到你们毕业，我都不会跟你们谈这件事。我始终觉得，我教你们两年，两年来我把自己的全部心血都给了你们。为了你们每个孩子的进步，我想尽了各种办法，甚至在刚教你们的两个月间，我的体重一下子减了8斤！我常常为了想出使你们转变和进步的办法而失眠。我写给你们的30封，总共近十万字的信不知牺牲了我多少休息的时间！我总是想：只要你们都能健康成长，我累点又算得了什么呢？曾经，我非常相信自己的能力和人格魅力，觉得你们所有人，不会有一个孩子对老师不满。像邮件中竟然骂我是神经病，说我脑子注水的孩子，我教了这么多年书，还真是第一次见到。这件事情，我的确向学校反映了，同时，也的确拜托110在你们毕业之前以最快的速度，查出这些邮件的发件人。一方面是因为只要当你们一天的老师，就要为你们的终身成长负责；另一方面因为你们快毕业了，我还要填写你们在学校的思想表现方面的评价。我历来实事求是，我的原则你们是知道的。我希望做这些事情的同学能够在事情还未调查出来之前主动找我。这样无论是学校还是公安部门问我时，我都可以请他们相信孩子会转变，并且让你的思想表现评价以及将来初中生活不受到影响，否则，一切我也很难保证。"

晚上放学后，我收到了一条短信："马老师，我想郑重向您道歉，那件事是我干的。"

"你是谁？"

"还是不说了吧，那样您会失望的。"

"你能告诉我这件事情是你的所为，说明你正在向诚实的孩子努力。当然，告诉我你的名字，需要更大的勇气。"

好久之后，那个学生回复："我是7号。"

7号！大队委、班干部、五六年级连续两年的三好学生！我悉心培养的孩子！我大吃一惊！

"你还干过什么事情？"

又是好久之后，得到回复："邮件是我删的，密码也是我改的。"

问题解决！我心中大喜！

"您怎么看我？"

"我怎么看你并不重要，重要的是你正在从一个无情的人向一个心中有爱的人转变。孩子，请你永远记住，一个心智健康的人，即使不能做到对他人以德报德，但也不能以怨报德。你要记住'不以恶小而为之'的古训。每个人成长的路上都会有沟沟坎坎，希望你以这次事件为戒，懂得该怎样做个正直善良的人。"

6. 家校沟通。

我征求孩子的意见，此事是否要跟她家长交流。孩子表示希望自己跟家长说，我建议她交流好以后，请家长给我打个电话。后来，家长给我发了短信，我们通过短信进行了沟通。

反思整个事件，我有以下两点思考：

第一，提高学生的信息素养是第一位的。再先进的技术也只有造福于人类才有价值。在纷繁复杂的网络世界中，成年人尚且都会"乱花渐欲迷人眼"，那么未成年的孩子就更容易犯这样或那样的错误。犯错误是孩子的"权利"，孩子也正是在不断的犯错误中吸取教训，获得成长的。

如何正确利用网络，使它发挥最大效能，为我们的学习和生活服务？如何教育学生在互联网时代，面对各种网络诱惑做到自律、慎独？这也是我们教育工作者应该思考的问题。

在网络这个虚拟世界中，人与人之间的交往，人们发表的各种言论很多都隐匿了真实的姓名。面对学生的网络攻击，教师要采取多种教育策略来应对，有时需要欲擒故纵地迂回解决问题。

第二，对学习成绩优秀的学生，思想道德教育同样不能放松。我们要培养德才兼备的接班人，而不是成绩优异、品德败坏的"畸形"人。在实际工作中，教师往往更注重学业成绩，而忽视对学生道德品质的关注，学生学习成绩优异往往也会掩盖了其道德品质上的问题。现实生活中有很多知识渊博却因为道德缺失而成为危害社会的害群之马的案例。这应该引起教育工作者的高度重视。

在教育和教学工作中，我们不仅要教给学生科学知识，更要注重学生情感、态度、价值观的培养。

（北京市海淀区实验小学　马连君）

## ✦ 同行观点

【荣霞】假如我是案例中的老师，我想，我也一定很愤怒。现在做小学教师实在太难了！社会也好，家长也罢，总是把所有的问题都迁怒到老师头上。从社会舆论和家长言谈中都可以感受到教师地位的低下。因而，这种负能量传递给学生，自然学生就不能明辨是非，学生就不懂尊师重教，出现这样的问题也是必然的。

面对这么复杂的网络世界，这么困难的教育环境，我们能做的就是教育、感化。教育不是万能的，但没有教育又是万万不能的。感化学生是老师的首要任务。在以情动人，唤起广大学生潜在的善良本质的同时，教师还要学会与学生斗智斗勇，要恩威并施，这样才能达到从心理上威慑个别学生的目的。干坏事的学生都是战战兢兢的，存有侥幸心理。面对这样的学生，教师就要在教育感化的基础上采取"威慑防预"，攻其不备，使其心理防线彻底垮塌，从而主动承认自己的错误行为。

为了让这种师生间彼此伤害的事情不再发生，从每天做起，关注学生心灵的成长最为关键，让我们的学生在物质生活极大丰富的同时，精神生活也能不断提升，转变"以分为本"的现状，落实"以德为根"的目标。

【春焕】读着这个案例，我心里非常沉重，原因有三：其一是我们悉心培养的所谓优秀生的两面性；其二是网络的发展带给我们教师空前的挑战，正所谓"明枪易躲，暗箭难防"；其三是我们的辛苦付出得不到学生的认可。小小的案例，折射出来的问题却是沉重的，解决问题的过程也是我们面对的挑战。

从案例的分析和问题的解决来看，马老师是一位非常用心的老师，对每一个孩子都充满了超强的责任心。她所做的一切努力不是为了揪出这个孩子来惩罚他，而是对孩子的将来负责，只有找出这个孩子，才能针对他的问题，制定合理有效的策略，从而将学生引向正确的价值观。如果这个学生是我的学生，我还会在毕业前，和他进一步的沟通交流，找到他这样做的真正原因，从而进行正确的引导。前提是一定要为孩子保密，不让这件网络风波给学生的成长带来阴影！

✦ 专业引领

公共邮箱是当下流行的传递信息、增进交流的便捷方式，在班级管理中的使用尤为普遍，公共邮箱延展了班主任工作的时空范围。这个案例真实呈现了信息化时代班主任在班级管理中遇到的新问题，产生的新困惑——信息时代如何提高学生的信息素养？信息时代如何让学生理解、接受老师的"良苦用心"？

案例中学生一次次删除教师上传的邮件，并辱骂老师。虽然已经面临毕业，但马老师出于教育孩子的责任和目的，选择了信任、改变工作方式、召开主题班会等手段，希望孩子能主动认识到自己的错误。由此可以看出马老师的良苦用心。马老师的初衷非常好，但却没有取得真正的教育效果，最后孩子害怕警察的介入，才承认了错误。

案例中老师处理问题的定位以及思路还值得进一步讨论。老师之所以未能"破案"可能与老师起初的定位有关系，老师只想到找到学生，让学生承认错误，在教育过程中，对更为深刻的本质性问题未加以分析。在教育实践中，解决学生问题不应仅仅满足于找出做错事的学生，使学生承认错误，对学生进行了"说教"，教师更应追问或者深入思考自己所讲的观点学生是否接受了？学生是否真正知道自己错在哪里？为什么错？如何改正错误？在现实生活中，我们不难发现，一部分学生承认错误只是为了暂时让老师消消气，案例中的学生也只是慑于警察的介入才承认错误。因此，教师更应关注问题产生的深层原因。

很多教师有这样一种思维习惯：犯错——认错——改错。他们以为学生只要认错，就有希望改正，剩下的就是看学生今后的行动了。殊不知，"承认错误"与"搞清楚自己为什么会犯这样的错误"是两码事，"搞清自己为什么会犯这样的错误"与"我有没有能力改正这个错误"也是两码事。教育学生不能停留在与表面现象做斗争的层面，而要关注教育的效果，关注教育的内容在学生内心产生了怎样的影响。

那么，如何抓住教育契机，掌握教育分寸，让教育不止于认错呢？

1. 反应及时、敏锐。学生最初删除的邮件都是什么内容的邮件？为什么？及时做出反应，很多问题就不会向不好的方向发展。

2. 就事论事原则。针对事情分析现象、思考本质，不轻易把"事"与"人品"联系到一起，尤其不随意做道德评价，不给学生贴标签，这有助于公平对待每一个学生，有助于冷静而理性地处理问题。

3. 倾听代替说教。倾听是把分析问题、思考问题的主动权交给学生；倾听是引导学生自己分析问题，自己得出结论；倾听是把成长的主动权交给学生。认真倾听学生的心声可以让教师找到学生做错事的症结所在。教育应不止于认错，教育要唤醒自我！

这类事情就算能够得到及时的解决，也会给老师造成情感上的伤害。为了避免类似事件的出现，作为教师，工作中我们首先要把道德培养放在第一位，要想做学问，先来学做人。平日要有情感教育的跟进，要抓住一切教育契机向学生传递正能量，培育学生心中的"太阳"——正直、善良、宽容、有爱。其次，我们要关注每个孩子身心健康的成长。学习成绩不应作为教师衡量学生的唯一标准，教师更应该注重学生美德的形成，这才是立人之根本。再次，教师要有意识地说出自己对学生的爱，为学生的付出。因为现在有的孩子不会用心去感受教师的关爱，这就需要教师说出这份爱，并让学生明白没有一种给予是理所当然的，从点滴小事中培养学生拥有感恩的心。

# 网络攻击教师事件

网络，在现今已经以"迅雷不及掩耳"之势进入了人们的生活，我们在享受网络带来的便利之余，也惊讶于它向我们所展示出的世界的多样性、丰富性、开放性和隐蔽性。人们可以在网络上畅所欲言，甚至无中生有，颠倒是非而毫无顾忌，网络提供给人们的隐秘和自由吸引了无数人，这其中也包括学生。培养学生文明上网的良好行为，帮助学生形成正确的是非观，是当前教师开展班级建设的重要使命之一。

## ★ 故事讲述

> 一天，办公室的老师们聊天说起现在的学生叛逆期似乎提前了，这不，不知道哪个学生开了个"贴吧"，吸引了大量的在校生网上交流。涉及的内容五花八门，更让人意想不到的是，还有一部分学生竟然在网上公然辱骂老师。我听了，也忍不住上网浏览，竟然看到了一条骂我的帖子，言语粗鄙，后面还有应和者。我想到几天前，我班里的一些学生上课模仿网聊的形式传纸条对话，被我批评教育，估计是他们心有不满，上网发泄。我所看到的语言像剑一样扎在了我的心上，我不明白为什么平时自己精心教导的学生会这样恨我？有那么多人会看到这条帖子，我以后该怎样面对学生？一时间，我的心沉到了谷底。
>
> 看到我这样，别的老师都劝我，干这事的学生肯定不是好学生，不必放在心上。可我真的深受触动，这不正体现了我们教育中存

在的一个问题吗？管理学生在校的行为也许并不困难，可如何走进他们的内心？约束他们在校的言语并不困难，可如何触动他们的心灵？现在高年级的学生，接受新鲜思想、新鲜事物的速度快，自我意识强烈膨胀，可又欠缺分析事物、判断是非的能力。当他们出现问题时，对老师的教育往往不以为然，甚至报以敌对的态度。如何把明确的行为准则内化为学生的言行动因？如何点亮他们心中那盏明灯，引导他们拥有一份文明、理智的情感？如何唤回在网络中沉迷的学生？

我稳定了一下情绪，觉得先要拿出坦诚、平等的态度来对待这件事，看看学生的反应。我颤抖着双手，开始留言："我就是于老师，看到你的帖子我很吃惊。因为我始终想做一个好老师，而且我自认为是一个负责任的老师。我爱我的每一个学生，并且想通过自己的努力使学生更优秀。也许在我的教育措施中有不得当的地方，也许我的批评伤害了你，那么我要说，我不是故意的。你可不可以告诉我，老师哪里做得不好，我愿意接受，并向你道歉。"

写完之后，我的心渐渐平静了，我不知道网络的那边是谁，但我愿意拿出自己的真诚对待他，愿意让每一个浏览过这个帖子的学生看到老师的心声，更重要的是看到老师对学生包容、关爱的心态，为彼此的沟通做出努力。我等待着回音，出乎意料的是，几天之后，贴吧的"版主"给我回了信，"看了您的帖子我觉得您是一位好老师……每个人想事情的心态不一样……您能够检讨自己真是很难得……"此时，我意识到可能很多孩子都在关注这件事，处理好这件事，不仅对那个孩子，而且对网络上的这群孩子都会有影响。学生给我回信，说明他们愿意跟我沟通，抓住这个契机，我开始和"版主"交流，"你能够做成这个贴吧，说明你的电脑知识很丰富……""你也很有头脑，希望你能够对贴吧的管理更理性一些……""评判一些言论的对错，加以管理……你可以对同龄人起很大的引导作用……"

在此后的几天，每天我都与网上的孩子们交流，没有了面对面的师生关系束缚，交谈反而更加真实。我们谈学生的苦恼，谈老师的苦衷，谈今后的发展，谈话题内容的选择。与此同时，很多学生开始表态，他们纷纷批评骂人者的不文明行为，为老师鸣不平，列举了自己老师的优点，在贴吧上形成了良好的语言氛围。不久，那个骂人的帖子消失了。

更令我惊喜的是，自从"网络事件"之后，班里的"网迷"们回归了正轨，和我的关系更亲密了。他们更清楚地了解到老师的苦心，而且，在他们小小的心里，老师不仅是管理者，更是爱他们的人，同时也是需要他们维护的人。

现在的贴吧上已经文明了很多，我始终不知道那个骂我的学生是谁，不过这已经不重要了。有那么多学生能够做到文明上网，真诚交流，这就足够了。网络，可以使人隐藏不见，但那鲜活的灵魂，只要用心，就可以触及到。

（北京市海淀区万泉小学　于晓桓）

## ✦ 同行观点

【荣霞】假如我是于老师，我与于老师的第一反应一样，就是很愤怒，毕竟自己为孩子们付出很多。但是在愤怒之后，我会平静下来从两个方面进行反思。第一，哪些孩子对我不满？第二，为什么孩子会对我不满？如果没有网络的话，教师批评孩子后，孩子的不满情绪只能"内部消化"，教师自以为教育成功，却不知真实的教育效果。

【春焕】借着这个机会，我应该反思：我批评这个孩子的语言和行为是否有不当之处？我批评孩子的策略是否需要改进？自己的教育理念还存在哪些问题？……在此基础上，借助网络与孩子们互动，了解孩子们的真实想法。我还会结合一些实例，与孩子们讨论：如果学生犯了错误，你们希望老师怎么处理？在与学生的互动中，我就能真正了解学生希望得到老师怎样的帮助。

通过网络交流，不仅能使孩子们了解我的良苦用心，建立平等的师生关系，而且能够使学生站在教师的角度思考问题，成为为自己负责、为班级负责的人。当然，我也会对版主进行引导，提高他的信息技术素养。

## ✦ 专业引领

网络的迅速发展和青少年网络群体的日益庞大是现代教育不得不面对的一个事实。网络里没有国界、没有藩篱、没有教师管束，网络里可以崇尚自我、可以标新立异，甚至是可以脱离现实世界的"自由王国"。学生乐于在网上交流沟通，这是个大众现象。而在网上辱骂教师发泄不满，这只是个案问题。由于网络的开放性与不可控性，个别学生容易被非理性情绪所影响，从而使网络舆论走向发生偏移，影响老师的声誉与形象。由于网络影响面大，处理起来更需要审慎。可以说，由于网络的出现，学生们在现实生活和网络生活中的不同表现给教师的工作增加了难度，提出了挑战。

案例中提到的事件，学生利用网络的匿名、隐形的特点，在贴吧上发泄不满，辱骂教师，影响恶劣。师生间的彼此信任、相互尊重遇到了问题，师生关系出现了危机。面对危机，教师因势利导，利用网络的平等、开放和互动的特点，寓教育于网络聊天之中，主动与网络上不知名的学生沟通，不仅成功地化解了师生矛盾，而且引导学生明辨是非、增强网络道德自律。可以说，是坦率真诚的聊天——沟通，让教师的"危机攻关"获得了成功。聊什么，能有如此效果呢？

聊感受，坦率表达自己的感受，让对话的另一方知道自己的真实感受，这是平等沟通的第一步。当代教育提倡平等、公平，要求教师平等、公平地对待每一个学生，这其中易被忽视的却是教师与学生在尊严上也是平等的。在遇到一些问题（委屈）时，中国教师讲究"大人不记小人过""教师不与学生一般见识"，而美国教师会让学生知道教师的感受，清楚地告诉他们什么是自己喜欢（接受）或不喜欢（不接受）的，以此让学生知道事情有对错。"说出我的感受"，学生们会看到一个有血有肉、真实、丰满的人。

聊共同关心的生活，聊内心深处的想法。师生间网络聊天的魅力在于对话地位的平等，在于对话的自由。它不是"我说你听"，而是"我说""你说""他说"，是对感兴趣话题的讨论甚至争论；它不是"你应该怎样做"，而是"我认为你说的有道理，我可以接受，我可以这样做"，是通过讨论自己得出结论，是主动的接受，自我的调整；它不是学生一方受到触动与教育，而是师生双方共同的成长。

苏霍姆林斯基说"能够促使人去进行自我教育的教育，才是真正的教育"，网络聊天之于教育的独有意义，那就是引导学生不仅努力认识周围的事物和现象，而且努力认识自己的内心世界，因为只有当学生借助自己的精神力量来使自己变得更好、更完善的时候，学生才能成为一个真正的人。

真正的对话是平等的、真诚的，是开放的、互动的，既想影响对方，也想接受对方的影响；是思想与思想的对话，心灵与心灵的碰撞。

这个案例胜在通过聊天，聊出了和谐师生关系，聊出了网络公德之心，让教育与生活相融。

## 纸飞机比赛的小插曲

为了丰富学生的校园生活，学校或者班级经常会组织开展丰富多彩的活动，这些活动能够激发学生活力、提高学生参与班级建设的积极性，也为学生展现独特个性搭建了很好的平台，为此，这些活动深受学生喜欢。但是，由于小学生自我约束能力和自主管理能力比较弱，一旦他们热情投入活动，就会随之引发一些纪律问题。下面的案例中就呈现了学生参加纸飞机比赛而引发了乱扔纸屑、违反课堂纪律等问题。假如你遇到这样的问题，你会采取怎样的对策呢？是取消纸飞机比赛还是惩罚学生？

✦ 故事讲述

"告诉大家一个好消息，我校四至六年级的同学要进行纸飞机比赛。欢迎各班同学踊跃报名。"广播中传来的这一通知犹如一枚炸弹在教室中炸开了，教室中顿时沸腾了。

教室内孩子们灵巧的小手不停地折叠着，操场上孩子们奔跑着，欢呼着。空中一架架纸飞机大小不一，颜色迥异，各具形态。此情此景，勾起了我对童年美好的回忆。我看着，回味着，情不自禁地笑了。我和孩子们一起被这纸飞机带来的无以言表的快乐包围着。显然，玩纸飞机是孩子们的天性使然，是孩子们的兴趣使然，是孩子们的快乐使然。

然而随着孩子们玩飞机的热情日渐高涨，往日一尘不染的教室地面多了白色的纸屑，听到上课音乐的响起，往日教室里一个个认真静候的面孔逐渐有了缺席，甚至需要有人召唤，孩子们才会勉强地回到教室来上课。全班同学的共有财产——数学、英语、语文的用纸——正一张张地变成纸飞机……看来，这纸飞机带来的有喜又有忧呀。面对教室地面醒目刺眼的纸屑，面对懒散回来上课的孩子们，我想大声地训斥，但是想到"最好的老师显示了一个共同的取向：他们不相信训话的力量"，我犹豫了。想到"智慧的起点是沉默"，我张开的嘴又闭上了。我一如既往地开始讲课，似乎一切都没有发生。

"老师要消除孩子的不良行为，最佳良方就是要有帮助孩子的意愿。"卫生的脏乱是孩子们不经意的行为，绝不是故意为之；孩子们上课迟到了，是玩得太尽兴了，以至于听不到上课的音乐。这纸飞机的魔力真是非同一般呀！这不经意的不良行为，需要的是唤醒，是引导。

该放学了，"今天的家庭作业我们来创编童话故事，主人公就是大家的最爱——纸飞机。"孩子们听了之后，先是惊讶，而后变成了欣喜。我稍作停顿后又进行了作业的补充说明：可以写《纸飞机的快乐之旅》《纸飞机的忧愁》《纸飞机的抗议》……

给孩子们一个舞台，他们就会带给我们意外的惊喜。出自孩子们的视角，出自孩子们的思维，出自孩子们童真的语言，一篇篇富有情趣、富有哲理、耐人寻味的故事诞生了。我们共同分享学生的作品：纸飞机几经周折终于飞上了蓝天；纸飞机不小心离开了主人，小主人想办法、动脑筋，终于又让它回到了主人的身边；纸飞机飞了十分钟，已经累了，很想回到教室上课了；纸飞机飞到了贫困山区，看到小伙伴没有作业纸来写作业，摇身一变，变成了作文纸、数学纸、英语纸，小伙伴们高兴极了；纸飞机在教室飞翔的苦恼；纸飞机控诉小主人随便丢垃圾，等等。这些题材源于生活，孩子们进行了丰富的想象，用童话的体裁娓娓道来，真实、有趣，每个孩子都听得津津有味，若有所思。

"纸飞机的故事带给我们怎样的启示呢？"老师的一句问话激起了千层浪："听到音乐按时进教室，不迟到；从爱玩飞机的同学中，每天出一人值日，提醒同学按时进教室，不给他人带来麻烦；节约用纸不浪费，用废纸叠飞机；叠飞机出现垃圾，自主解决，不给集体抹黑。"听着孩子们总结出来的玩飞机的规则，我情不自禁地把掌声送给孩子们，同时高兴地对孩子们说："让我们和纸飞机一同起飞吧！"教室里响起了雷鸣般的掌声。

之后的日子，孩子们依然玩纸飞机，但是他们的行为在悄然发生着变化。为了"将玩进行到底"，我们又进行了"纸飞机现场创意大赛"。参赛要求是：（1）当场折叠，看谁的飞机造型最新颖（创意奖）。（2）比一比：谁在折叠时，垃圾最少，即使有垃圾，谁有高招处理（文明奖）。（3）比翼飞翔，谁的飞机飞得最高（高科技奖）。这样的比赛规则"告别毫无意义的说教和毫无效果的讲理"，在不留痕迹中规范了学生的行为。引导学生玩出创新的意识，玩出文明的举止，玩出科技的含量。

此外，我和孩子们一起了解飞机的发展史，走近可歌可泣的英雄人物。我们认真拜读了用生命换来歼15完美升空的罗阳的事迹，罗阳用生命的代价为我们诠释了责任。从孩子们凝重的表情中，我仿佛看到了孩子们幼小的心田已经播下了梦想的种子。

纸飞机飞到一定的高度自然会降落，然而这纸飞机插上了梦想的翅膀，就有了勇往直前飞翔的方向，就有了源源不断飞翔的动力。

（北京市海淀区中关村第三小学　刘淑艳）

## ✦ 同行观点

【荣霞】可爱的纸飞机，可亲的同学们，可敬的好老师！这是读罢此文，我最想表达的心声。案例中刘老师的做法的确值得我们借鉴。她不是一味苛责，不是随意处罚，而是不动声色，通过创造性地展开想象，创编童话故事给学生以引导。

如果是我遇到这种情况，我也会采取迂回战术，不与学生硬碰硬，因为我知道学生不是故意的，他们只是无法做到两全其美，毕竟一心不能二用嘛！我想，我会先把活动开展以来出现的这些现象，借助各位负责干部的嘴说出来，如：生活委员抱怨地面怎么扫也不干净；纪律委员抱怨同学们2分钟预备无法安静；"班级总管"提醒同学们要厉行节俭……随后，将其作为"今日话题"，让同学们对此发表个人看法。在学生的反思中，在学生的相互辩论中，引导学生认识到积极参加学校活动固然好，但不能把这份欢娱建立在破坏班级环境、违反学校规定上，要做到心中有集体，眼中有他人。再由学生小组合作，共同制定出班级文明公约，然后书写粘贴在班内，大家共同遵守，相互监督，彼此提醒。由学生自己结合自身情况制定的公约，会更有约束力。

【春焕】很欣赏刘老师的"智慧的起点是沉默"。作为一线的教师，我们每天和学生朝夕相处，每天都要面对学生们五花八门的事情，说实话，遇事能够保持沉默、冷静思考，对于老师们来说还真是一个不小的考验！很显然，刘老师经受住了考验，并运用教育的智慧成功而巧妙地解决了"纸飞机比赛"带来的问题。如果是我，我也会像刘老师一样，由点及面，将学校活动深化开来，在班级中开展"放飞心中的梦"的活动，让学生通过上网查询、看书、向人请教等方式，自己探究、积极动手，带动家庭成员共同参与，通过制作纸飞机、创办飞机小报、创作梦想诗歌、放飞"纸飞机"等系列活动，让学生学中玩，玩中学，成为既会玩更会学的孩子。

## ✦ 专业引领

在学校生活中，教师常常会遇到案例中类似的事情。学校的活动得参加，学生的学习还得抓，两者如何兼顾？顾此失彼对孩子而言是再正常不过了。当学生专注地放纸飞机时，他听不见铃声不足为奇；当学生用心地制作纸飞机时，他容易忽略了卫生的规定。当学校活动与学生常规发生冲突时，怎么办呢？案例中巧妙之处在于：

其一，遇事不说教，避免学生产生抵触情绪，治标更治本。倘若教师面对满地的纸屑，对学生严词批评，并勒令他们打扫干净，再宣布几条禁令，例如不允许在教室折纸飞机，不允许在学校放纸飞机等，这样一来学生一定会有抵触情绪，也许慑于教师的威严，学生真的不在班内折纸飞机了，地上不会再有纸屑了，学生也不在操场放纸飞机了，也不会出现上课迟到的现象了。表面上看，问题解决了，但是这样的解决办法会使学生心里有怨言。教师只是从行为上约束了学生，可是忽略了学生的内心体验与感受，治标不治本，同时还会影响师生关系的和谐发展。

其二，采用学生创编童话故事的解决策略，事半功倍。学生进行童话故事创编的过程实际上就是一个自我反省的过程，既锻炼了学生的文笔，又在无形中使学生完成了自我教育，为下一步的制定游戏规则做好了准备，可谓事半功倍。

其三，纸飞机现场创意大赛，提升了活动的含金量。正如刘老师所说，比赛要引导学生玩出创新的意识，玩出文明的举止，玩出科技的含量。这正是本次活动的含金量：在快乐的活动中，最大限度地调动学生的求知欲、创造欲和自信心，培养学生自主学习和自我教育的能力。

其实，坏事不坏。往往坏事就是教育契机，抓住了，就会变坏事为好事，让学生在辨析中明理。

案例中出现的几个关键词：天性、快乐、玩、帮助，非常让人惊喜，这些看似平常的几个词却蕴含着朴素的哲理，充满了教育的理性，闪耀着智慧的光辉。教育的目的是让孩子成为快乐的人，教育的手段和方法也应该是快乐的。快乐不仅来自激情的释放，更来自创造与成功。就像一根细小的芦苇管，你从这头输进去的如果是苦涩的汁水，在另一端流出的也绝不会是甘甜的蜜汁。快乐应该是学习的真谛，培养学生寻找快乐的能力，就是在培养学生寻找幸福的能力。

# 玩陀螺玩出的科学研究

　　班级管理是班主任的主要职责，但很多时候，教师往往会情不自禁地就事论事，就管理谈管理，这样不仅不能发挥管理的教育意义，还失去了学生对教师的信任。有时候，当教师站在教育的高度，把管理事件作为教育事件来处理，不仅能使学生遵守规则，还能使学生获得更丰富的教育资源，获得更广阔的发展平台。

## ✦ 故事讲述

　　"老师，昨天晚自习小钰不写作业，玩磁悬浮陀螺。""对，他还说话影响我。""还有小豪呢，他也和小钰一起玩。"……听着同学们你一言我一语的抱怨，我看向小钰，他不好意思地低下了头。嗯，还不错，认识到自己的问题了。要知道，小钰可是曾经的"四大金刚"之一啊！不说别的，就是那眼神，都能"杀死人"啊！不过，经过近两年的教育，小钰已经进步多了：不打人骂人欺负人，目光不再冰冷了，对待同学也和善多了。对他的进步我挺满意。不过，即使再优秀的学生也有松懈的时候，何况小钰这样的"后进生"呢？怎么办呢？严厉批评？没必要，尤其对这种个性很强的孩子，以柔克刚效果更好。不予理睬？那可不行，全班同学都看着呢，影响了全班纪律，不处理不行。但是怎么处理更有效呢？

　　眼珠一转，我计上心来，心平气和地对小钰说："小钰，你看，你晚自习不写作业玩陀螺，还影响其他同学，多不好啊！犯了错误不承担责任可不好，你说怎么办呢？"小钰低下头不做声，面露惭愧、紧张的神色。我猜他此时一定是忐忑不安的，便接着说："这样吧，你既然耽误了那么多写作业的时间，总得补回来吧。我知道你喜欢玩陀螺，但学习的时间用来玩毕竟不合适。既然玩，就玩出技术来，玩出水平来。小豪是建模高手，写出的小论文还发表过呢！我只听说过磁悬浮列车，还从没听说有磁悬浮陀螺呢，说不准你们就能研制出来。你看这样好不好，你和小豪一起写一篇有关磁悬浮陀螺的科学小论文吧！"话音刚落，小钰便咧嘴说："可是我还没成功啊！"

"谁说科学实验都是成功的，失败了也值得写一写啊。科学研究就需要勇于探究的精神。不怕失败，能从失败中总结经验教训，给他人以启示，就有意义！"小豪一听，两眼放光，一个劲儿地点头。小钰一听，眉飞色舞，不住地说："行，我写。"我不忘叮嘱一句："好好写，写好了我给你们推荐到王主任那儿，让她指导指导，说不定还能发表呢！"这俩人听了，乐开花儿了。告状风波就在这样的和风细雨中平息了。

第二天，我惊异地发现，有三个人共同完成了这份科学实验报告——小付、小钰和小豪。原来，一向对科学很感兴趣的大队长小付也自愿参与了进来。嘿，科学的魅力可真大啊！他们各有分工，小付写实践原理，小豪写操作过程，小钰写实验结果。嗬，一份满载着心血的科学实验小报告新鲜出炉了。看过之后，我大加赞赏："真不错！有原理，有图例，有说明，有实践，有思考……真是一份用心之作！"

"老师，我们晚上又做了上百次实验，最后居然成功了！""对，原来升上去2秒钟就掉下来了，现在能悬浮在空中很长时间了。您看——"说罢，他们三人便给大家展示起来。果然，那小小的陀螺在转起来后，徐徐升了上去。轻轻地撤掉隔板后，小陀螺依然在上空旋转……

热烈的掌声响起来了，同学们真兴奋。我也激动地说："祝贺你们的成功！赶快把这份小实验报告进行修改、完善，今天你们实验的一小步，没准儿就跨出了明天科研的一大步。期待你们这份科学报告尽快发表……"孩子们脸上露出喜悦、兴奋、激动、期待的表情。

我不赞成一味地批评淘气的孩子，我更希望在每个孩子的身上发现闪光点，以此作为转变他们的契机，作为成就他们的起点。学生自信的品格是教师或家长通过事件培养出来的。培育学生的过程，就像养花一样，有喜有忧，有笑有泪，有花有果，有香有味，既需劳动，又长智慧，这就是教书育人的乐趣！

(北京市海淀区中关村第一小学　李荣霞)

## ✦ 同行观点

【红延】读罢这个教育故事，不禁让人叹服李老师的教育智慧。一件令人头疼的晚自习违纪事件，在老师的巧妙引导下，成就了一份科学小报告，激发了学生学科学、用科学、爱科学的情感。老师变批评指责为点拨引导，变惩罚压制为赞赏鼓励，这就是教育的艺术！由此可见，李老师具有深厚的教育基本功，因而在面对突发事件时能够随机应变，运用教育智慧顺势而导。

我想，我要是面临这样一种情况，也许会不问青红皂白地把学生批评一顿。晚自习本来是大家安静的自习时间，有这样两个自由散漫的学生在班里捣乱，班级纪律还不乱了套？我可能会没收他们的玩具，对其错误行为进行批评教育，并限期整改。有时候，这样快刀斩乱麻的教育措施也会取得立竿见影的教育效果，但从长远来看，比案例中李老师的教育效果差远了。

【春焕】很欣赏李老师的教育艺术——变批评指责为点拨引导，变惩罚压制为赞赏鼓励。李老师在面对同学们的告状时能够进行理性分析，针对学生的不同特点采用不同的解决办法，既避免了和学生之间的正面冲突，又能挖掘他们的闪光点，并放大这些闪光点，充分激发学生的潜能。李老师运用教育艺术巧妙地解决了班级问题，是一位智慧型的教师。

假如我是李老师，我会继续采取"闪光点迁移"的策略，将小钰对科学的热爱和执著巧妙地迁移到学习中来，让小钰知道他拥有做好任何一件事情的重要品质——坚持、执著，如果他能够将这种品质同样放在学习上，他一定能够成为优秀的学生。之后，在班级内组织一些形式多样的学习竞赛，鼓励小钰积极参与，让他知道学习也是一项很有趣的"研究"，充分激发起他对学习的兴趣，这样将会有更好的效果。

## ✦ 专业引领

学生犯错误是难免的。面对学生的错误，李老师"换了个方式"来解决，引导学生发展兴趣，细心呵护学生宝贵的创新之心。当今社会常说中国的孩子缺少创新能力，不善于动手实践，殊不知，学生最宝贵的动手尝试的愿望常常在最初的阶段就被扼杀了。我非常欣赏李老师保护孩子兴趣、鼓励孩子尝试的做法。培养学生的创造力，应该是一种行动的艺术，而不是单纯的嘴皮子功夫。要从童心出发，理解孩子的想法，满足孩子的需要，给孩子一个创造的机会。

接纳孩子的"问题"，用发展的眼光看孩子。在孩子的世界里面，与生俱来就有无数个"为什么"，孩子对一切神秘的事情感兴趣，甚至都想试一试，正如案例中那个违反纪律的孩子，他只是要尝试一下，看一看磁悬浮陀螺能在空中停留多长时间，他的违纪完全是无意识的。对待他的举动，宽容与成全是对孩子最好的教育。小钰是幸福的，他遇到了一个眼中有学生、心中有关爱的班主任。李老师没有把管住学生作为核心，没有把班级秩序放在第一位，而是把学生的个性、进步、未来的发展放在首位。可以想象，如果李老师眼中只有集体秩序，只有班级规则，那么小钰会怎样呢？他会离老师期待的乐观、和善、向上、自律越来越远。

李老师没有止步于包容孩子、理解孩子爱玩的天性，而是帮助孩子去发现自己的能力，顺应孩子的童心，鼓励孩子去尝试，发展自己的兴趣。小钰就是在李老师的鼓励下与同学们合作，完成了科学研究小报告，体会了创造的快乐，收获了自信。小学是孩子生命成长和精神构建的奠基阶段。这个阶段对小学生最要紧的是健康和谐的身心，是对世界的好奇，是对事物充满探究的快乐，是知道尊重和关心他人……鼓励孩子保有对未知世界的好奇是培养孩子学习能力的重要内容。

了解孩子的特点，了解孩子的需要，从孩子的现实出发，拉起孩子的手，帮助孩子成长，帮孩子学会自己管理自己，这是把学生真正放在了成长的主体地位。李老师的可贵在于不是让学生立刻使老师满意，而是让学生确实感觉到自己的成长。顺应天性，鼓励天性，开发天性，让孩子有一个奔跑的空间，给孩子一个用武之地，这是多么成功的教育。

# 4 关注青春期学生的变化

小学班主任会发现，随着学生年龄的增长，尤其是处于高年级的小学生，突然变了。他们会对教师说"不"了，他们会公然反对教师了，他们会主动犯错误来挑战教师的权威了，他们不再把老师的话当作"圣旨"了。所有这些变化，都源于学生主体意识的提高，逐渐由"要我做"转变为"我要做"，以彰显自己的个性魅力。小学高年级的学生逐渐进入了青春期，他们的身体和心理都发生了很大的变化。他们想方设法确立自己独立的地位，以摆脱成人对他们的约束。因此，这个阶段的班主任往往觉得学生"不好管了"，有时会让班主任觉得"手足无措"。但从积极的角度讲，这是学生自我成长的表现，是学生积极建构自我的重要时机，是学生逐渐构建自我形象、寻找自我认同的过程，班主任作为学生成长过程中的重要他人，应该帮助学生获得自我成长。

班主任不仅是班级管理者，更是学生思想成长的陪伴者，人格构建的促进者，心灵成长的导师。在每个孩子的成长过程中，都有几次"破茧而出"的"蜕变"，这些转变对一个孩子来说无疑是具有重大意义的。面对孩子的成长，班主任是否能"舍得"放手呢？面对孩子的"执拗"，班主任是否能以平和的心态与学生畅聊呢？对于孩子对班级管理的意见，班主任是否能自我反思呢？面对孩子们青春期性萌动，班主任是否能及时引导呢？青春期的孩子总是处在各种矛盾中，比如：独立意识与依赖心理的矛盾、情感与理智的矛盾、视野开阔与鉴别能力不足的矛盾等。但是，青春期并不是危险期，而是学生蓬勃发展的时期。这个时期的学生如果得到班主任正确的引领，将能顺利适应中学生活。

# 更年期遭遇青春期

在现实的班级管理中，教师虽然能够认识到学生与教师在人格上是平等的，教师要尊重学生，但每个班级里，总有个别"特殊"的学生让教师不省心，甚至让老师下不来台。师道尊严的面子意识、班级管理的权威意识让教师心中充满怒火，最终与学生发生"冲突"。以下案例中就是一个总不给老师"面子"的学生，在学生与老师发生冲突之后，老师是如何自我反思和策略调整的？这样的策略是否能征服学生的心呢？

## ✦ 故事讲述

这是开学的第一天，孩子们已经上五年级了，对常规的要求已经熟记于心，再也无需老师费更多的口舌。上课了，大多数孩子表现不错，准备好了课上用的课堂笔记本，按照老师的要求去做，只有两个孩子与众不同：一个带了课堂笔记本，不想写；一个是没有带笔记本，不能写。

经过提醒，不愿写的孩子还是动笔写了，只有那个没有本的孩子，依然无法写，其实他真的不愿意写。接着是开学典礼，他依然我行我素，没有一点新开学的样子，私下说了很多话，提醒多次还是不听。这下我就恼了，一下把他从座位上拽出来，并且大声质问："你有完没完？"他毫不示弱，梗着脖子对我说："我怎么了？""你太过分了！没完没了地说。上课该做的事情你不做，开学典礼不懂得遵守规则，你是不是太过分了？""你打我就不过分？"他却理直气壮地质问我。"我打你?"他继续梗着脖子说:"对,就是刚才。"

刚才,我把他从座位上拽起来,动作粗鲁了,他认为是打。事情就这样搞僵了,结果是他不服气,我很生气。

静下心来想想,刚开学,孩子们都有新鲜感,大多数孩子能够按规则办事,但是也有些特殊的孩子还是没有进入状态,而他就是没有进入状态的孩子之一。课上的表现是如此,开学典礼上的表现也是如此。而我又没有区别对待,把他跟别的孩子同等要求,这是非常不明智的做法。

其次,当众把他拽起来,并且大声质问他,这样的举动不妥,更加引起他的反感,使矛盾更加激化。人都是要面子的,尽管他不顾台上台下,喋喋不休地说个不停,但是我当着这么多人的面把他拽起来,并且质问他,他心里肯定不舒服。

面对孩子这样的态度,我知道我不能再强硬下去,再说刚才在处理这件事情的时候,我的行为确实欠妥,我只好让他先坐下。开学典礼结束以后,还有两节课,在孩子们上课的时候,我刚好有时间反思自己的行为。对于行为习惯不是很好的孩子,我应该是有心理准备的,不能把孩子的错用加法加起来,放大了孩子的错误,让自己对孩子的行为更加不满。

我对自己做了以下反思和调整:

1. 冷静下来,平复一下自己的情绪。当情绪激动的时候,不说话,不要有任何举动,让自己的"更年期"过去以后再处理问题。

2. 站在孩子的立场上考虑问题。刚开学,孩子还没有做好开学的准备,应该帮助孩子尽快进入学习的状态,这样也许会有更好的效果。

3.当众不批评孩子。当众批评指责只会强化矛盾。

4.认识到孩子是不一样的。不一样的孩子应该有不一样的要求，要因材施教。

冷静下来以后，下午，当我再次面对孩子的时候，我的"更年期"已经过去了，我的情绪不再激动。我为孩子准备了一个本子，帮孩子包好了皮，写好了孩子的姓名。"今天你上课的时候没有笔记本，我这里准备了一本，希望你下次课上能够把笔记记好。"孩子很奇怪地看着我。我接着说："不接受老师的礼物？这也是对我上午行为的一种歉意，因为我没有顾及你的面子，当众批评你了，所以我用这种方式向你道歉，你能原谅老师吗？""老师，我也不对。"

当我们平心静气坐下来交流的时候，我们的沟通是有效的。孩子对自己课上的行为，开学典礼上随便说话的行为都进行了反思，也真正意识到自己的行为不对。而我也没有大声地指责，只是告诉孩子："良好的开端是成功的一半，当身边的同伴都做得很好的时候，你的行为就非常的突出，而老师看在眼里，急在心里，表现在行为上就是急躁。而你又没有理解老师的苦心，这样就不能解决问题。"然后我又跟他沟通："老师也是人，也会发脾气。特别是血压高的时候，更容易发怒。你今后当老师的情绪监控员，当你发现老师要发脾气的时候，希望你能够用你认为好的方式，帮助老师控制情绪，好吗？"

最后，孩子接受了我的道歉，并且接受了我为他准备的礼物，同时也愿意当我的情绪监控员，师生之间并没有因为这件事而产生隔阂。

俗话说，一句话让人跳，一句话让人笑。面对同样的情景，采用不同的话语体系会导致不同的结果。在班级管理上也是如此。面对孩子这样或那样的错误，当老师的不可能视而不见，听而不闻，但是也不能"逆风而上"，要讲究教育的艺术。

如果我课前就准备好一些本子，遇到孩子们没有准备好本子的时候，就送孩子一本，或者借给孩子们，这样处理既不影响师生间的关系，也不影响孩子课上记笔记。

在集体活动中，当孩子出现问题时，可以用转移注意力的方式，让不遵守纪律的孩子暂时干别的事情，然后再悄悄提醒孩子应该怎么做，避免正面冲撞。当更年期遭遇青春期的时候，更年期的教师要巧妙地处理事情，不能硬碰硬，以免两头受伤。

（北京市海淀区中关村第四小学　张腊华）

## ✦ 同行观点

【荣霞】当更年期遇到青春期时，真的是很容易发生火星撞地球的事！而文中张老师换位思考，及时改正，巧妙化解了师生间的矛盾冲突。教师的这种知错就改的品行值得我们学习。

如果我遇到了这样顽劣的孩子，我的做法是：第一，要尊重每个孩子的人格，"拽孩子"这种肢体上的"暴力"行为不该发生。第二，我不会在大庭广众之下教训学生，这样的确有失学生的面子。再小的孩子都有自尊。第三，我会在学生不带本的时候，让同学从班里的"爱心捐献"中拿出一个本借给他先做记录，第二天准时还就行了。或是询问哪位同学有多余的本借给他，并大力表扬施以援手的孩子乐于助人的行为。第四，当学生在升旗仪式上没完没了地说话时，我会先提醒他注意纪律，并委托旁边同学监督提醒，一旦该生依然我行我素时，我会悄悄把他叫到后面，让他坐在我的身边，不批评，不说话，不因为一个学生的不自觉而影响其他同学的专心听，这样既维护了该生的脸面，又遵守了大会的纪律。第五，回到班后，我会心平气和地让这名同学当着全班同学的面说说"为什么会坐到我旁边？"当他认识到自己的违纪行为后，我会再把发表意见的机会留给大家，让同学们说说他这是一种什么样的行为。透过学生的嘴，说出教育的话，这样，在集体中形成一种正能量的场，让这位违纪的学生认识到自己的错误，体会到"孤立"的滋味——没有人欣赏他的违纪行为，没有人愿意与他"同流合污"，学生嚣张的气焰自然就不会出现。第六，我会温和地征求他的意见，"你今天违反了学校纪律，你觉得该怎么将功补过呢？"当孩子说出改正方法并进行了改正后，就大力表扬其说到做到、知错就改的好行为，告诉学生"知错就改就是好孩子"，自然而然地为这位违纪的学生树立正面好形象。

【春焕】如果我是案例中的老师，我也会心中不快，但由于我性格的原因，我不会采取与学生当面冲突的做法，因为很多时候，冲突只能给自己带来尴尬，还无形中降低了自己在学生中的威望。我会根据他开学时的状态，找合适的机会与学生进行一次谈心，了解他为什么总是不遵守学校的各种规定，根据学生的心理再做适当的调整，以赢得学生的理解。因为，让学生爱上学习首先就要让学生爱上学校。当然，假如真的发生了冲突，我也会像张老师那样及时反思自己的问题，并积极寻找解决策略，像张老师一样主动向学生承认错误。因为教师是成人，是教育者，不能像孩子一样跟孩子斗气，教师所有的行为都是为了达到教育学生的目的。案例中张老师对学生的尊重最终也赢得了学生的认可，学生也认识到了自己的问题，矛盾在和谐的氛围中解决了。有一句话愿与老师们共勉：教育需要智慧，而智慧的起点是沉默！

## ✦ 专业引领

读完这个案例，使人不禁想到了一代天骄成吉思汗在怒杀他的救命"恩人"爱鹰之后说的一句话：永远不要在发怒的时候处理任何事情！尤其是我们一线的教师，我们面对的是一个个活泼可爱而又截然不同的孩子。发怒容易使我们失去理智，这个时候处理问题更多的就是情绪的发泄，而不是解决问题了。因此，当我们发怒的时候，尽量避免处理问题，同时，尽量平稳自己的情绪。等情绪平稳之后再理智地处理问题。

反思我们的教育，有时我们所做的只能称得上是"管"学生而不是"教育"学生，我们有时难免会由于一时急躁，仅仅纠正了学生的行为，而忽视了学生的心理。正如张老师一开始的处理，结果让双方都很尴尬，因此我们要讲究教育的艺术。

班主任作为班级管理者，必须处理好"管"与"理"的关系，"管"侧重的是刚性要求，"理"侧重的是理性厘清。"理"必须永远在"管"的前面，同时，"管"中必须带"理"，这样班主任才能有效实施管理。

第一个问题，上面案例从结果上来看，班主任显然是"失败"了，因为孩子不但不接受批评，还公然与班主任对峙来维护自己的面子与尊严。为什么会"失败"？因为，面对孩子的"挑衅"，班主任基于"管住"，而没有先理清自己的管理思路。面对孩子不拿笔记本及不记笔记的行为，班主任首先不应该发怒，而应该了解孩子为什么不拿笔记本？是忘记了？还是故意不拿？如果是故意不拿是否因为他不愿意记笔记？是否因为他对记笔记有意见？是否教师对学生记笔记的要求有不合理的地方？只有了解了问题的症结，才能有效地打开学生的心结，真正解决问题，只有在平等对话中，教师才能树立起真正的权威。

第二个问题，"冲突"之后，该如何补救？显然教师应该避免与学生发生冲突，因为教师是用教育情怀和教育智慧引领学生成长的人，教师应该是"麦田的守望者"，给孩子发展广阔天地的同时为孩子提供保护。但是，我们也理解，教师也是有感情的，有时难免急躁，有情绪的发泄，尤其是当更年期撞上青春期时。可喜的是，老师很快认识到了自己的行为不当，认识到学生是有尊严的，面对自主意识增强的学生更应讲究教育的方法和艺术，而不是采取简单、粗暴、强制压服的方式。教师认识到每个孩子是不一样的，不应该用同一把尺子来衡量所有的学生。所以，在冲突之后，老师及时补救，消除与孩子之间的隔阂，也得到了学生的谅解。这是非常值得肯定的。可以说，这个处于青春期的学生给教师上了一课，促使教师对已有的教育观、学生观进行反思。

第三个问题，面对不服管的、逆反的孩子，教师应该怎么办？案例中教师的处理策略基本是"妥协"——"为孩子准备了一个本子，帮孩子包好了皮，写好了孩子的姓名，然后送给孩子""在集体活动中，当孩子出现问题时，用转移注意力的方式，让不遵守纪律的孩子暂时干别的事情，然后再悄悄提醒孩子应该怎么做，避免正面冲撞"。这样的妥协对某些孩子可能会暂时管用，因为他们会从心里觉得过意不去，从而通过自己的转变来回报教师。但这样的行为也同样隐藏着危机，可能会削弱教师的威信。

尊重学生不等于向学生妥协。重要的是，班级作为学生社会化的重要场所，是让学生学会遵守规则、建立秩序感的地方。"上课必须带笔记本""升旗坚决不能说话"都是基本的规则，也是学生应该遵守的基本规则，教师不能总是一味地妥协。不遵守规则应该受到一定的惩戒，关键是要弄清楚"惩戒是什么""如何惩戒""惩戒是如何来的"。如果教师组织全班同学民主制定规则以及违背规则后的惩戒措施，学生就能逐渐形成规则意识，并能理解为什么要惩戒。同时，面对"刺头"学生，教师应该避免对孩子进行单个教育，而应该发挥集体教育的力量，运用集体舆论来教育、引导个体。马卡连柯提出，全部的教育过程都应该是在"通过集体""在集体中"和"为了集体"的原则下进行的。有时候，教师越是进行"单打独斗"越不能取得好的教育效果。总之，教育没必要总是轰轰烈烈，更多时候需要的是春风化雨、润物无声的教育形式。教师"变坏事为好事"固然好，减少"坏事"的出现几率更重要。

## "老师，孩子跟我越来越疏远了"

到了小学高年级，家长会发现自己的孩子逐渐开始"疏远"自己，他们经常会躲在自己的屋子里，会把自己的日记本藏起来，他们也不愿意认真听取家长的教诲了。家长越说，孩子越是不听了。这个时候，很多家长会很紧张，觉得自己没有能力控制孩子了，"不安全感"油然而生。孩子与家长的冲突直接会影响孩子在学校中的表现。下面这个案例中的老师就遇到了这样的问题。

✦ 故事讲述

"王老师，你班的小浩数学作业总是不写，语文作业怎么样？""家庭作业也常不写。"这种情况近来屡次出现，不止一个老师跟我说。小浩这孩子最大的毛病就是懒惰，但原来在他妈妈的督促下能完成作业，现在怎么会这样呢？我找到他妈妈，他妈妈说："老师，他现在根本不听我的，总跟我较劲，你让他这样，他偏那样，总说我们对他不好，我真没有办法了，还要您帮我想想办法。"

这样的话最近好像听过很多次了："王老师，您跟孩子说说，现在他做作业都不让我们看。""我家孩子连他屋也不能随便进……"这不是一个孩子的问题，为了找到症结，有针对性地进行教育，我开展了一次"父母与子女关系亲疏程度"的调查。调查显示：疏远和一般的比例为36%，比较紧张的比例为25%，关系亲密的比例为39%。

从调查结果看，父母和孩子关系亲密的还不到一半。通过查阅资料，我知道这是青春期发育初期的表现，是一种正常的反应。从心理发展角度讲，孩子们都觉得自己已经长大，不愿再受大人的约束，心理承受力低，意志薄弱，容易激动，情绪不稳定，爱乱发脾气，易与家长和教师产生分歧，与大人唱反调，如果大人稍加约束，就会产生逆反心理。

这是新时期小学教师和家长面临的一个问题。生活水平的提高，造成孩子青春期年龄提前，在小学高年级孩子的生理就有了很大变化。随着大脑及身体各器官发育的逐步成熟，加上生活体验加深，各种困惑与好奇心相互交织，造成学生心理极不安定，因此就容易出现上述情况。

符合学生生理特点和心理需求的青春期前期教育，将对孩子一生的健康生活起到深远的影响。于是我采取了以下措施：

1. 沟通感情，消除误会

写信这种交流方式是能够避免冲突，使双方平静下来，理智交流的最好方式。为了使小浩更快地和父母沟通感情，为家教打下基础，我组织了一次班会"亲情浓，脉络同"。请家长给孩子写一封信，内容不限，最好能起到沟通感情、消除误会的作用。同时，特意告诉小浩的妈妈要写出自己的想法和想对孩子说的话，不要提什么要求，要情真意切。

班会上，随着主持人动情的导语，小浩的妈妈深情地读起了写给儿子的信："亲爱的宝贝，你是我……"全班静静地听着，不一会儿响起了极小的抽泣声，原来是小浩哭了，大概这些话他妈妈从没有和他说过。同学们也沉浸在了和爸妈在一起的美好回忆里，想起了爸妈的辛劳……接着，在悠扬的音乐声中，我把信送到孩子们手中，全体学生第一次读起了父母的信。更让人意想不到的是，接连不断的啜泣声此起彼伏。

2. 写回信

趁热打铁，在下节课我就让孩子们给父母写回信。小浩妈妈第二天来电话说，孩子回家后，主动和她说话，问她题目，表现特别好。其他家长也都反映孩子有了变化。

3. 改变教育方式并坚持

要想把孩子的这种变化固化下来，需要教师和家长改变并坚持正确的教育方式。为此，我为每一位家长发了一份教育小提示：

第一，尊重孩子的意见，孩子的事情让她自己做主。小事如吃、穿、用、玩等都要认真听取孩子的意见，重大事情反复讨论，家长只提参考建议不替孩子做主。

第二，尊重孩子的生活，既要做家长又要做孩子的伙伴，尽可能参与到孩子的生活中，如积极参加家长会，及时向老师了解学校的情况和孩子的情况，积极参加学校为孩子举办的各种活动，这样既可以寻找与孩子沟通的话题，又可以让孩子感觉到你对他全部生活的重视。

第三，尊重孩子的感受，做他忠实的听众。孩子与家长关系融洽时会向家长谈起在学校遇到的事情，家长只要耐心听着，适时引导孩子继续往下说就行了，不要马上谈看法、提建议。

第四，尊重孩子的隐私。孩子独立性增强，对父母的依赖性逐步减弱，需要有自己的独立空间，有时候不太愿意和父母说话，这时候家长不要刨根问底，要尊重孩子的隐私权。

第五，注意把平等意识体现于生活细节中。青春期的孩子对是否被尊重的感受很强烈，要让孩子感到自己在父母心中的分量。

4. 家校联系紧密

这个时期不论是教师还是家长都要及时、主动去了解孩子的情况，关注孩子的生活，一起努力把教育效果固化下来。

一段时间后，小浩按时写作业了，班里的学习氛围也好了。家长都说家里的笑声又多了，孩子和家长总能其乐融融地谈话。小浩的妈妈长叹口气说："好像卸下了一个大包袱，从内到外地轻松。"

通过这样的干预，我对青春期学生教育有了以下的思考：(1) 根据学生在不同年龄阶段所表现出的心理特点进行教育，这样教育才能有效果。(2) 家校合作，事半功倍。教育是双方合力的结果。教师要和家长有良好的沟通，共同面对、处理孩子成长过程中的"歪枝斜叉",一起坚持不懈,固化教育成果。(3)采用科学方法,对症下药。教育中遇到的问题不要全部归因为学生的错。要了解孩子的成长规律,用科学方法解释孩子的行为。孩子的问题没有小事,要认真细心去了解,并科学有效地去处理,不能盲目说教。(4)要与时俱进,坚持学习,活到老学到老,作为教师更应如此。现在的孩子和十年前的孩子相比变化很大,出现的问题及相应的教育措施也不一样。所以我们需要不断去学习总结,才能跟上他们的脚步,取得良好的教育效果。

(北京市海淀区育鹰小学　王迎春)

## ✦ 同行观点

【荣霞】案例中王老师的教育方法是因材施教的,因而也是科学有效的,体现了对学生的尊重,对家长的负责,对教育的热爱。工作中,我也常会遇见对孩子的教育束手无策的家长,理解之余,我会主动担负起家长的职责。遇到个别学生在家就是不写作业,家长心急如焚时,我就和家长协商,牺牲自己的业余时间,留在学校陪着学生写完作业,再让家长把学生接回家。这样做的确扭转了个别孩子的学习现状,也让他在这一过程中体会到老师的奉献和对他的关爱,从而一点点感化其内心,一步步培养其学习习惯。当学生具有了一定的学习自觉性,知道不能让老师再为自己操心后,就会由"被动写"到"主动写",实现自主学。

此外,我还会因材施教,实现分层次留作业。学生不写作业,要么是嫌作业多,要么是由于自身的惰性而不愿写。遇到这种情况,教师得变通。或是减少作业量,或是降低作业难度,让这样的孩子自主选择适合自己的作业内容，并承诺认真完成。只要他完成了自己的任务，就决不为难他。这样，学生就可以快乐学习，学有所得了。学生心态变了，自然就不会总是与家长为敌，让老师为难了。

【春焕】从整个案例可以看出，王老师是一位非常理性的教师，从发现问题到解决问题以及后续关注，都做得非常到位。教师可以做一些功课，提前把一些青春期的相关书籍放在班里，让孩子们进行阅读，等到青春期来临时他们就会试着自己调节；也要提前和家长进行沟通，让家长们对青春期即将来临的孩子们的一些反应，在思想上有一些准备，最好了解一些相关的知识以及和孩子沟通交流的方法。这样当青春期真的来临时，我们就会从容很多，而不会手忙脚乱了。

## ✦ 专业引领

小学高年级学生由于青春期提前，或多或少出现了一些逆反现象。他们唯我独尊，不听家长言；他们自以为是，不服教师管。究其原因，也与我们忽略了与孩子的沟通有关。总以为"我们成人这么做都是为孩子好，他应该明白的"，用我们的思维去假想孩子，可最后我们却蓦然发现，原来孩子非但不明白家长的心，还痛恨家长的强迫行为，最终事与愿违，我们成人心中的"爱"，变成了孩子眼中的"害"。

小学高年级的学生逐渐进入青春期，对他们的正确引导与关注就成了摆在教师和家长面前的问题。我们既不能把孩子的青春期不当回事，听之任之，也不能兴师动众，过于重视。

青春期是人生当中一段比较特殊的时期，甚至有的心理学家把它称为"人生的第二次诞生"。随着身体的快速发展，学生获得了一种成人感，他们渴望独立于父母从而证明自己长大了，因此，他们不希望父母过问自己的"私事"，要求有独立的空间。这个时期，父母如何与孩子沟通就成为是否能建立温暖、亲密而持久关系的关键，在这种关系中，孩子既能获得满足，也能感到愉悦。

案例中提到很多父母遇到了类似的问题，孩子跟父母较劲、孩子不让父母看作业、孩子不让父母进自己的房间。班主任敏锐地认识到这个问题的严重性和普遍性，于是采取问卷的方式调查全班同学与父母关系的亲疏程度。结果发现，大多数学生与父母的关系疏远、一般，甚至关系紧张。这样一个小小的调查，就说明了班主任具有科学严谨的态度：面对问题不主观推测，不盲目应对，能清醒地认识到这是班级学生逐渐进入青春期的一种正常表现。

针对这样的情况，班主任决定通过一次主题班会先消除父母与孩子之间的误会，打开彼此心扉。为此，班主任采用了"写信"这样的沟通方式。"书面语言"比"口头语言"逻辑清楚，更有说服力，更富有感染力，尤其是班主任引导家长"写出自己的想法和想对孩子说的话，不要提什么要求，要情真意切"，这个环节尤为关键。这样一个小小的干预，就是在引导父母如何与孩子沟通，让父母认识到如何沟通孩子才会听。可以想象，如果父母还是用提要求的方式与孩子沟通，效果可能会适得其反。在父母诉说之后，班主任及时强化引导学生说心里话，达到了双方情感交流的目的。

当然，家长教育理念的转变不是靠一次班会就能够实现的，需要教师长期的引导。为此，班主任给家长提出了如何与孩子沟通的建议。这些建议既具体又到位。具体，即提出的建议跟孩子的家庭生活密切相关，对父母而言，具有可操作性；到位，即抓住了青春期学生的身心特点，让家长认识到孩子的独立意识、平等意识，让家长认识到孩子转折性的变化，把孩子当作具有独立人格的人对待，而不是再把他们当"小孩子"了。

通过这样的一个事件，班主任也认识到了班级学生的变化，为此，家校联合关注学生细微的变化，帮助学生顺利度过青春期。为了及时应对孩子们出现的青春期反应，班主任也可以与心理教师联合，借助班会、课间活动等时机，开展一些团体辅导、心理游戏等活动，使孩子学习一些调节心理情绪、与他人沟通、换位思考等技巧。作为教师，不仅仅是在学生出问题之后做及时的"消防员"，还要学会做预测，根据学生的年龄特点以及对学生仔细的观察，及时发现学生的心理动态。

当今的学生接受的信息越来越多元，他们的认知能力越来越强，他们模仿的对象越来越丰富，外界丰富、复杂的信息加速了学生青春期的到来，学生的主体意识越来越强，学生的变化要求家庭教育以及学校教育方式进行相应的变革。案例中教师的处理方式无疑可以给我们一些启示。

## "难道我喜欢上他了？"

进入青春期的学生逐渐对异性产生朦胧的神秘感和认识的渴望，他们开始体验到异性独特的魅力所在，他们迷茫，不知用怎样的方式与异性交往。纯洁的"情感"需要教师用心呵护。我们一起看看案例中的班主任是如何处理这样的问题的。

✦ 故事讲述

> "我不知道为什么，当老师把他从我身边调离时，我伤心极了，我的眼泪无数次地在心里流淌，我不知道自己是怎么了，难道我喜

欢上他了？我不知道。"

一次语文小考后，监考老师气冲冲地把这样一张纸条递给了我，"看看吧，这就是你们班学生晓彤考试时候的作品，我开始还以为她是在作弊，原来是在写这些，你说现在的孩子都在想些什么呢？"监考老师说完这些以后，摇摇头离去，留下一脸茫然的我，迫不及待地"拜读"着这突如其来的"作品"。

晓彤是一个漂亮、乖巧的女孩，她是四年级转入这个班的，当她妈妈把她带到我面前时，她两腮羞怯地泛起了微红，甚是可爱。在后来的接触中，我发现这个孩子虽然很漂亮，但性格并不张扬，属于很内向的性格。想想她平时的表现，真的很难和这张纸条联系到一起，这个纸条中的"他"又是谁呢？我继续回忆着近期班级变换座位的情况，哦！原来是六年级才转过来的同学霖，霖的确是个多才多艺的孩子，他爱读书，所以课堂上发言总是滔滔不绝，头头是道，经常令大家艳羡不已。这次开班会，他更是展现了说相声的天赋。霖是个洒脱、活泼、令人欣赏的孩子，怪不得牵动了"白雪公主"的心。

"早恋"这个词第一时间充斥了我的头脑，这真是一个棘手的问题，尤其是对于正处在懵懂期的孩子而言，这样的感情更是给人一种扑朔迷离的感觉，是"堵"还是"疏"？我有些迷茫，暂且放一放吧。我把纸条整齐地叠好揣进了衣兜，带着一丝不安走进教室。教室里热闹非凡，孩子们正在享受考试后的轻松，只有晓彤一个人在自己的座位上若有所思，看到我进来，她的目光有些躲闪，又有些恐慌。我像什么都没有发生一样，若无其事地走到了讲桌前，示意大家安静，准备上课。上课时，我像往常一样神采奕奕，像往常一样叫她回答问题。就这样，一切都显得风平浪静。

放学了，大家都快速地收拾着书包，只有晓彤磨磨蹭蹭一直都没有把书包收拾好，"晓彤，你今天收拾书包好慢，那你就留下来保洁，并负责最后锁门吧。"我想孩子一定有话想说但又找不到机会，不如我来个顺水推舟吧。晓彤顺从地点了点头。当我送完路队，回到教室时，保洁的同学都已经离开了，只剩下等待锁门的晓彤，"晓彤，锁好门，赶快回家吧，记得下次快点收拾东西。""李老师，我想和您谈谈。"她的声音是那样小，而且声音也有些颤抖。"好呀！""李老师，今天考试的纸条，您看到了吗？""嗯。"晓彤的脸一下子变得绯红，头更低了。

"我觉得你的这种想法，其实是人生发展的一种正常的心理活动，老师也是从学生时代过来的，既然你愿意和我谈，那咱们就以朋友的身份来谈谈吧。"

我以自己的亲身经历，告诉孩子这种心理波动是正常的，不必有任何心理负担。

"你能将自己的真实想法写出来，其实也是一种自我排遣、自我调节。但你毕竟是一个学生，主要的任务还应该是学习，所以你应该全身心地投入到自己的学习中来，努力克服自己对异性的这种特殊的感情，只有'克制自己，战胜自己，超越自己'，才能取得属于你的成功。"

晓彤似懂非懂地点了点头。

"我们再举个例子吧。一朵月季的开花期是六月，可是它非要三月就开花，它的结果会怎么样呢？"

"它不但不能开花，而且，可能会被冻死。"

"对呀，我们人也一样，人一生要做的事有很多，一定要分清什么时候该做什么，因为人的精力是有限的，每个年龄阶段都有要做的事情，你现在正是青少年时期，精力旺盛，所以应把握好机会，努力学习，让这种心理的波动成为你成长路上的一段风景吧，不要成为那朵早开的花朵，好吗？"晓彤使劲地点了点头。

第二天，针对这种情况，我特意召开了一节主题为"男生女生面对面"的班会，让大家开诚布公地把自己对异性的欣赏与看法进行交流。班会的气氛空前热烈，在班会上晓彤充分表达了自己的想法，而且，还将我讲给她的道理给大家进行了转述，赢得了阵阵掌声。

从此，晓彤又恢复了往常的生活，她与霖也成了要好的朋友，一切都是那么自然和从容。这不是早恋，我对我以前的界定进行了反思，如果给它起个名字，我想可以暂且叫它"早到的爱"吧。这种所谓的"爱"不过是心理成长的一个阶段而已。

（北京市海淀区八里庄小学　李秀娟）

✦ 同行观点

【荣霞】我觉得文中李老师的做法是正确的。面对高年级孩子这种爱的情感，作为教师，我们首先应该尊重，切忌上纲上线，把问题严重化；其次要善加引导，让这种爱的情感由"小爱"成"大爱"，由"长戚戚"为"坦荡荡"。通常情况下，我是这么做的：

第一，不大惊小怪。这是一份很美好的同学情，为什么要亵渎它呢？爱的情感有许多种：亲情、友情、爱情、师生情……无论哪一种情，都是值得珍视的。可学生面对异性间的友情时总是偷偷摸摸、不好意思，那是因为我们把这种单纯、美好的情感破坏了，提到男女生互生好感时我们就"谈情色变",如何才能让学生正视这份美好的情感呢?我利用班会课引导学生懂得集体就是一个家,同学间就是兄弟姐妹,要相亲相爱。美好的事物就值得人欣赏,无论是喜欢长相美还是行为美,抑或是心灵美,总之,美的东西人人向往。所以,让学生坦然面对美好的情感,不为喜欢某人而羞涩、难堪,将其视为正常的感情,这是作为教师首先要在班级树立的大气场、大方向。

第二,利用班会、谈话、讲座,进行正确引导。利用班会时间,引导学生谈"爱"。理解"什么是爱?爱包含哪些情感?应该怎么去爱?"培养学生做拥有爱的能力的孩子。再引导学生懂得生活中自己被哪些人爱着?我们应该如何回报这些爱?使学生明白要用心感受并珍惜亲人间的爱,要满怀真诚对待伙伴间的情谊,要心怀感恩对待他人传递的关爱,要努力充实自己、陶冶自己,使自己成为"最美的人",成为受到更多人喜爱的人。被人爱是幸福的!只要教师做到心中坦荡,学生自然也会胸怀磊落;只要学生有"向美之心",就可以激发他的"向好劲头",在集体中形成"向上风气",让自然的情感在学生心中扎根,让美好的感情在学生胸中激荡。

【春焕】青春期是一个热点的话题,"早恋"更是一个敏感的话题,我们作为一线的教师一定要在孩子们成长的路上为他们保驾护航,正如案例中李老师说的那样,让这些情感经历、心理波动成为学生成长路上的一段风景。任何事,只要我们提前准备就不会遇事措手不及。作为高年级的老师,一定要提前将青春期方面的知识采用恰当的方式和学生们交流,和家长也要注重沟通,共同引导学生顺利走过他们人生中这一特殊的阶段。如果我是案例中的老师,我也会采取缓一缓的方法,不马上找晓彤谈话,给晓彤留下思考的时间和空间。同时，我还会设立"小信箱"，引导孩子们将自己的苦恼与想法和自己最亲的人倾诉。同时，我也会组织学生多参加体育活动，多参加集体活动，多认识朋友，扩大孩子的交往圈，转移孩子的注意力。

## ✦ 专业引领

小学高年级学生被异性吸引，这是一种很普遍的现象，不能简单地称之为"早恋"。俗话说：爱美之心，人皆有之。是啊，谁不欣赏美好的事物、人物啊？这说明孩子有眼光，有审美，一心向美、一心向好。这样的孩子情感是正常的。若学生喜欢的是假恶丑的东西，那才要提高警惕了。

在低年级，我们会发现孩子们还没有明显的性别意识，男生女生常在一起玩，但随着年龄的增长，他们开始对异性敏感，或躲避或亲近。在小学高年级异性交往中还会出现两种极端现象，一种是男生与女生之间过于亲密的交往，一种是男生与女生分为两派，互相攻击。这两种截然不同的现象背后都隐藏着学生对异性认识的渴望。异性交往是学生性生理和性心理走向成熟的必然结果，是正常的发展现象。这是对异性开始形成新认识的时期，教师不必惊慌，而要做好适当的引导。

作为教师，我们应该为孩子出现的这种现象感到欣喜，因为他们在成长。这个时候，教师切不可把"早恋"一词随意扣在学生头上，否则就会影响学生正常的异性交往。教师要引导学生通过书籍学习一些青春期心理变化的知识，让学生明白这个时期如何与异性交往，才是得体恰当的。

健康良好的交往能力对学生的发展具有积极的功能，可以促使孩子建立同一感，防止角色混乱。学生在与同伴交往的过程中，不仅拥有一个自我概念，而且在与异性朋友的交往中拥有不同的自我概念，能得体地与异性交往的人往往有更强的自信和魅力，这有助于学生自我感知的形成。健康的异性交往对学生自我认同、道德价值、职业准备以及一系列社会角色的发展都有很大的影响。缺乏异性交往或者不健康的异性交往会导致学生性心理扭曲、性心理障碍，导致与异性交往困难，这些都不利于学生社会性的发展，也不利于学生之间友谊的建立。因此，在学生对异性产生懵懂认知的时候，教师如何引导就至为重要。

案例中晓彤喜欢上了自己的同桌，她用纸条表达了自己的这种想法，结果被老师发现了，可想而知，她内心是多么的恐惧。她为什么害怕、惶恐？因为她从外界获得的信息中感觉到男生与女生之间的"喜欢"是不被接受的，是会遭到成人批评的。正是这样的潜在认知使她觉得自己犯错了。可喜的是，老师并没有直接批评这个孩子，而是给了孩子时间和空间，所以就有了孩子与老师的主动沟通。老师首先告诉孩子"对异性的喜欢"是正常的心理波动，不必害怕，也不必有任何的心理负担。这样的沟通会消解孩子的心理疑虑以及心理负担，会使孩子感觉到释然。之后，班主任组织召开了"男生女生面对面"的班会，让大家开诚布公地把自己对异性的欣赏与看法进行交流。可以说，这个班会非常及时，也非常好。因为晓彤的问题可能是大多数孩子都会面临的问题，借助班会，让全体同学对异性有重新的认识，学会对异性欣赏，是引导学生学会异性交往的必备条件。

在这个案例中，还有两点值得我们进一步思考与讨论。

第一，班主任不仅仅是通过班会让孩子认识异性、欣赏异性，更重要的是引导学生如何与异性交往，告诉孩子学会与异性交往也是人生中非常重要的一课。这样的引导就会使孩子们不觉得与异性交往是可耻的事情，而是坦荡荡的人际交往。与异性同伴的良好关系有助于学生获得熟练的社交技巧，锻炼与异性交往的语言技巧、动作技巧和行为技巧。异性关系的教育需要教师在日常教育中进行渗透，要重视并鼓励孩子与异性交往，消除神秘、好奇心理。引导孩子在与异性交往时要坚持自然原则和适度原则，即在与异性交往时，言语、表情、行为举止、情感流露要自然，既不过分夸张也不闪烁其词。与异性交往的方式要恰到好处，既不能过于亲密，也不能故意疏远，给对方造成心灵伤害。

第二，案例中虽然老师不认为孩子的行为是"早恋"，但是老师用的比喻"一朵月季的开花期是六月，可是它非要三月就开花，它的结果会怎么样呢"影射出的是早恋。孩子们会感觉到"喜欢异性"是不允许的，孩子们对"异性交往"还是不能形成正确的认识。这也给我们留下了更大的思考空间，怎样的引导是更恰当的？

## "老师，我不想做卷子"

班级管理中，班主任一句不当的话语就可能引起学生内心的不满，进而做出出格的行为来挑战教师。下面案例中班主任就遇到这样的问题，我们看看这位教师是如何处理的。

✦ 故事讲述

明天学校组织春游，今天我没讲新课，而是组织同学们梳理、复习了前面学习的内容，然后准备做检测卷。做之前，我还特意吓唬几个平时不太踏实的孩子："如果卷子当堂做不完，明天就不能去春游。"也许这句话发挥了作用，教室里静悄悄的。试卷在孩子手中有序地传递着。大家拿到试卷后都低头看卷子准备答题。我边巡视，边欣赏着孩子们看题时有趣的表情，享受着短暂的安静。

正在这时，一个小手举了起来，我一看，是金伦。他神态自若，不紧不慢地跟我说："老师，跟您请示一件事，我不想做卷子。"说是请示，但从他漫不经心的话语和坚定的眼神中，看出他已经做出了决定。此时我非常想问问他为什么不想做，但我忍住了，装作若无其事的样子，将他桌上的卷子收了回来，心平气和地说："好吧，你先看会儿书吧！"

在大家答题的过程中，我观察到他其实并没专心地看书，而是一会儿抬眼瞟瞟我，一会儿扭身看看周围的同学，显得心事重重的。我招招手把他叫到了身边，悄悄问他："为什么不想做卷子？"他漫不经心地说："不为什么，就是不想做。""同学们都在做，你不做，想干什么呀？""不想干什么。"对话就这么僵住了，在这种情形下，想把问题搞个水落石出，是不可能的事了。我看着桌上一堆批改过的作业，突然有了主意，就说："那你能帮我做件事吗？帮老师把作业发了，注意别影响同学们做卷子。"

他得令后，忙不迭地发开了。就这样，我批改着作业，他发着本子，俩人都忙得不亦乐乎，刚才的事情就好像没发生一样。很快下课铃声响了，我俩同时完成了任务，同学们也按时交了卷子。我抱着卷子离开教室前，特意在他耳边关照道："卷子暂时先放在我这里，你什么时候想做了，就过来找我。"金伦听后如释重负地点了点头。

回到办公室，我赶紧和金伦家长取得了联系，但没有告诉他妈妈课上发生的事，只是询问了金伦最近有无异常反应。从孩子妈妈的口中得知，孩子在家没有异常反应，这学期在语文学习上进步尤其明显，昨天晚上，还在家认真复习呢！放下电话，我陷入了深思，看来原因出在学校，可是在学校的确也没发生什么事情！我百思不得其解，多么希望这个聪明的孩子主动来找我呀！

中午吃饭时，我一直留心观察着他，发现他精神愉悦，一如既往，还主动帮我给大家盛汤。我不动声色地向他表示了感谢，但我内心有些着急：下午要讲评试卷，到时怎么处理他肯定成了全班同学关注的焦点，我该如何给按时完成卷子的其他同学一个交代呢？这真是一件棘手的事呀！

正在我焦虑时，他突然小跑着来到我身边，主动说："李老师，我现在可以做卷子吗？"我惊喜不已，连声说："好！好！"

我领他到办公室，他趴在我的办公桌上，没多大一会儿，他就写完了卷子而且成绩很好。我拿着卷子奇怪地问他："既然复习了，也会做，你为什么不做呢？"在他支支吾吾的回答中，我终于弄明白了，原来他不满意我上课之初给同学提要求时说的话，他说："春游是大家盼望已久的事，老师不应该给这事再添加条件。"是呀，参加学校组织的春游活动是孩子们的权利，老师却拿试卷做完与否作为参加春游的条件，这令他很不满意，于是就用这种形式进行无声的抗议。

我没想到自己无心的一句话竟然在孩子心中激起如此大的反响，此时，我既尴尬又愧疚，用手摸着他的头，说："真对不起，老师不是故意的，请你原谅我，好吗？"他微笑着点了点头，这让我感到一丝安慰，我又拉着他的手接着说："孩子，老师今后一定会注意自己的言行。但希望你今后在对老师、同学有意见时，要及时与别人沟通，不要用这种沉默方式表达自己的意见。帮助别人直面问题，实际上是在真诚地爱护和帮助他人。"他重重地点了点头。

后来金伦在日记中这样写道："为什么学校组织的春游活动，昨天妈妈拿着做威胁，今天老师又拿着做条件呢！我刚看书中说了，参加必要的学校活动是我们的权利！为什么？为什么呢！我要抗议，我要抗议！对了，不做卷子，看你怎么处理我！……看到周围同学对我诧异但很佩服的眼神，我得意极了，但我没想到的是，老师很理解地将我桌上的卷子收了回来，还对我说：'好吧，你先看会儿书吧！'真让我扫兴！同学们都静悄悄地做着卷子，刚才同学们对我崇拜的眼神此时已经变成了漠视。大家都忙着做手上的卷子，没人有时间来欣赏我这位胜者，我很失落。李老师让我帮同学发作业，我边发作业边观察着同学，好像大家对我这位仗义执言的"英雄"并没什么太大的欢迎，这太让我失望了。所幸，李老师临走时趴在我耳边叮嘱我，让我什么时候想做了，就过去找她。我特别感谢老师给我一个台阶，没在同学面前揭穿我。其实我知道自己错了。"

我庆幸自己给了孩子缓解情绪的时间，也给了自己调查事情缘由的时间。孩子的世界是单纯的，孩子的行为是率真而坦诚的。碰到他看不惯的事情，他是不会掩饰的。如果当时我把金伦"老师，我不想做"看成是触犯了"金科玉律"的大事，就可能会对这个有个性的孩子大动干戈，至少激烈的唇枪舌剑是在所难免的。最主要的是激烈的"战斗"后，我依然不会了解事情的真相。这非但不能让孩子心服口服，反而会激化矛盾，这个有个性的孩子以后会时时处处戒备老师、挑剔老师的言行，从厌烦老师到厌烦学习。想到这些，我不寒而栗。

"蹲下来，用孩子的眼光来看问题"，很多问题就会变得简单且轻松。当孩子的某些问题暴露出来的时候，或许正是孩子情绪的一种发泄。此时如果教师比较冲动，想急于控制场面，很容易造成问题的升级，矛盾的激化。孩子毕竟是孩子，教师如果宽容地站在孩子的角度想问题，沉默一会儿，静思一会儿，可能会收到意想不到的效果。

泰戈尔说："不是锤的打击，而是水的载歌载舞，才使鹅卵石臻于完美。"我相信这次对金伦言行的宽容所引起的道德濡染，会比"暴风骤雨"似的惩罚来得更深沉，更持久，更有效。

（北京市海淀区中关村第一小学　李松瑜）

## ✚ 同行观点

【荣霞】现在的孩子多么有个性啊！他们敢于反抗，他们秉笔直书，他们仗义执言，这哪还是崇尚"高压政策"的老师所能教育的啊？文中的李老师这种肯于"示弱"的教育方式，变被动为主动，赢得了孩子的信任，收获了孩子的真心。工作中，我有时也会遇到这么较劲儿的学生，一般情况下，我是这么做的：第一，询问原因。若学生乐意说出原因，就顺势而导；若学生当时不愿意说明，也决不强求，先尊重学生的想法，决不激火，本着"退一步海阔天空"的心态解决"棘手"问题。第二，确定做法。我会询问学生，"只是现在不想考，还是以后也不考了？"若学生只是当时不想考，我进而让孩子给我一个预计的时间，"想什么时候考？"我会根据孩子给出的时间合理安排补考时间，待学生心态平稳后，再进行沟通；若学生选择后者，我会在课后找其促膝谈心，询问症结所在，进而采取可行的"怀柔政策"，对其进行安抚，解开心结。第三，承认错误。当得知学生拒绝考试的原因后，我会勇敢地向学生承认错误，不会"威慑"学生，这非但不会让自身形象打折扣，相反，还会在无形中提升自己在学生心目中的地位，拉近与学生间的距离，让学生感受到"老师是人不是神"，老师也会犯错误，知错就改就是好老师。这样，学生就不再会心存芥蒂，就不再会无声反抗，师生间的关系也就会更自然，更和谐，更亲近。

工作中，我们会遇到形形色色的个性儿童，这种时候，切忌以硬碰硬，还需尝试"以柔克刚"的法子，许多时候，四两拨千斤的效果会更好。

【春焕】案例中的老师解决问题的办法很巧妙，既了解了小金伦的真实想法，又避免了一场师生间的口舌大战。这种"爱的能力""爱的智慧"值得我们一线教师学习！如果我是案例中的老师，我会问他"不想做试卷，想干点什么？"然后让他有选择地做事。这招看似是教师的妥协，但却是心理上的胜利。因为，教师的妥协既给学生留下面子，而且让学生有内疚、不安的感觉，因为学生"不想做试卷"本身就带有挑衅的味道，当他遇到老师的顺水推舟时，他自然感谢老师对他的宽容，同时内心也会着急，"试卷怎么弥补呢？"因为这个孩子不做试卷的行为是反常的，与他日常的学习表现不一致，因此老师断定孩子是带有情绪的。教师宽容妥协式的处理，恰恰给了孩子自己去弥补过失的时机。这何尝不是学生自我教育的机会？当然，在了解孩子真实的想法之后，我也会对自己的教育用语、教学管理理念进行反思，避免"威胁式"的管理。

教育是"用爱唤醒爱"的过程，但如何去爱却是一门学问。作为老师，不仅需要有爱的善意，更要有爱的能力，爱的智慧。案例中的李老师恰恰是运用"爱的智慧"和小金伦进行了一场"斗智斗勇"的心理战。当今社会是一个张扬个性的时代，孩子们不再像我们小时候那样把老师的话当圣旨，他们有自己的思考，而且会根据自己的判断来看待问题和解决问题。我们一线教师就更要注意自己的言行举止，否则就要接受学生的挑战了。

随着孩子年龄的增长，孩子的自我意识越来越强，孩子也不断通过各种手段来建构自我，比如，他们会逐渐重视自己的着装、发式、外貌、打扮以及他人对自己的评价，他们也会重视与父母及同伴的交往技巧。这是孩子成长的信号，也是孩子寻找自我认同的过程。正是在与外界不断的接触、与自我内心不断的对话中，孩子对"我是谁""我应该成为怎样的人"形成了认识。案例中的金伦是可爱的，他出于对教师的不满，决定采取"不做试卷"的行为来看教师的反应。这中间有对教师的挑战，但更多的还有金伦其他的"小心思"。他希望做其他孩子不敢做的事情来赢得同伴的佩服，树立高大的形象，从而提升自己在班里的地位，在班里赢得更多的交往机会。因此，当他看到周围同学对他诧异但很佩服的眼神时，他得意极了。当他看到同学们对他崇拜的眼神变成了漠视的时候，他很失望。当老师没有对他发怒而是顺水推舟的时候，他很扫兴。所以，很庆幸班主任没有采取极端的方法来处理金伦，否则正好中了金伦的"圈套"。

案例中李老师"缓一缓"的做法是值得提倡的，给学生安排看书的任务既缓解了紧张的氛围，避免针尖对麦芒情况的出现，也给教师提供了观察孩子的机会。李老师观察到孩子并没专心看书，而是一会儿抬眼瞟瞟老师，一会儿扭身看看周围的同学，显得心事重重的。这说明孩子是有心事的。在与孩子沟通无效的情况下，李老师又安排孩子发作业本，这既给孩子一个台阶下，让其体会到老师对他的尊重，也给孩子提供了一个"体验"其他人都在做试卷的氛围，给孩子提供了一个观察其他孩子行为的机会，一个自我反思的机会。"卷子暂时先放在我这里，你什么时候想做了，就过来找我"，老师这样的处理给了孩子一个弥补过失的空间，这为后来孩子主动要求完成试卷奠定了很好的基础。这样的处理既尊重了孩子，又使孩子不违反规则。

当然，孩子也说出了自己的理由，"为什么学校组织的春游活动，昨天妈妈拿着做威胁，今天老师又拿着做条件呢！我刚看书中说了，参加必要的学校活动是我们的权利！为什么？为什么呢！我要抗议，我要抗议！"孩子的话给班主任上了重要的一课。很多时候，班主任特别容易犯的错误是拿另外一件事情惩罚这件事情，这对孩子来说是不公平的，也会引起孩子的不满，不仅不利于孩子规则意识、惩戒意识的树立，反而会引起孩子的逆反，不利于教师的教育。在信息时代，孩子的知识面、信息面越来越广，他们有很强的"权利"意识，也懂得维护自己的权利，这对教师来说是一种挑战，但我们也看到，这也是未来公民必备的素养，是我们需要的。

班级管理需要教师专业的态度、精神以及素养。站在孩子的角度思考问题，站在教育专业的高度俯视问题，在面对问题时就不会迷失方向，就不会对学生不耐烦，就不会失去理智，这样，教师失去的是架子，赢得的却是尊重。

# 5 问题学生的教育

在中小学，几乎每个班都有几个问题学生，他们是麻烦制造者，拖班级后腿者。班主任时常慨叹自己 80% 的时间都用在 20% 的问题学生身上。问题学生的教育是班主任最头疼也是最见功力的工作，它时时在考验着我们的耐心、意志以及智慧。

没有问题学生，只是一种良好的愿望，却不是真实的教育，教育的前提是正视差异、尊重差异。20% 的问题学生的变化往往会深刻影响到其他 80% 的学生，例如老师批评教育 A，其他人也会从中受到教育。其实问题学生常常以自我牺牲的方式对班级做出了贡献。苏霍姆林斯基说："从我手里经过的学生成千上万，奇怪的是，给我留下最深的并不是无可挑剔的模范生，而是别具特点、与众不同的孩子。"一个教师的教育生涯往往因问题学生而精彩。

学生看起来最不值得爱的时候，恰恰是学生最需要爱的时候。爱是教育成功的基础，但我们不能幻想着爱就能解决问题。对一般的学生，常用的管理方式如表扬、批评、关爱、评比等，就能奏效，而对问题学生，这些办法往往没有效果。问题学生的教育是一项复杂而又系统的工程，需要我们多一点耐心、多一点服务意识、多一点反思意识、多一点研究意识，让教育走向科学，让教育充满智慧。

以下的案例，有的让我们看到了典型的问题生是怎样在有爱心、有责任感、有智慧的优秀班主任的引领下逐步转化的，有的又能引起我们对教育的深度思考，反思现实教育中的疑难问题。

## 学生竟然说老师"卑鄙"

到了高年级，班里常常出现一两个难缠的学生，他们学习不努力，成绩较差，经常违纪，爱制造事端，好讲歪理。再难缠的学生也是学生，再难缠的问题也得处理，管理的目的不是打击和征服，而是教育和转化。

## ★ 故事讲述

班里的小浓浓思维怪异，从来不戴红领巾，作业从来都是乱乱的，但能保持很高的正确率；上课从来不记笔记，还经常在不影响听讲的同时一心二用画他津津乐道的简笔画，如果这时你提问他，他保证知道你问什么；跑步总是落到最后；经常偷懒，总想逃值日，组长和组员要在放学时紧紧地盯着他，不然他就悄悄地溜之大吉了。

一天下午的管理班时间，小浓浓的组长又跟我反映，昨天下午他们去友谊班做值日，小浓浓又逃了。这学期他几乎就没做值日。他们小组的其他几位同学此时也纷纷开始控诉小浓浓。小浓浓却满不在乎地说："我为什么要给友谊班做值日？"我顿时就来气了："我们是六年级的学生，帮助一下低年级的小学生怎么就不可以呢？这点道理都不懂，还问我为什么。你既然不愿意给低年级的小学生做值日，那你就在班里做值日吧。"我教了这么多年的书，从来没有遇到这样的学生。但接下来发生的事更令我惊讶，小浓浓竟然说出了让我惊呆的两个字："卑鄙。"我呆住了，愣了几秒钟，就在这几秒钟里，我的大脑迅速转动，怎么办？跟他急，对他这样的学生管用吗？不理他，我多没面子，让他这么没规矩下去，也不行呀。此时全班学生也都停下写字的笔，看着小浓浓。我深吸一口气，对全班学生说："同学们，咱们停一下笔，一起查一下字典，什么叫卑鄙？""哗哗哗"，大家纷纷开始查字典，有同学迅速说出了答案——卑鄙就是不道德的人或事。我接着问小浓浓："那你说说，我哪一点不道德了？"他显然没想到我问他这个问题，没话了，但他很聪明，立刻转移话题："我能问你几个问题吗？"我说："当然可以。""您做值日吗？"没等我说话，下面的学生七嘴八舌地回答了："郭老师天天来得最早，天天做值日。"我看着小浓浓，乘势教育他："谁都得做值日，为他人服务，这是义务。不管你怎么想，你是我的学生，我都要教育你，教育你成才。"没想到，他又一次说了令我惊讶的话："我不想成才。""不管你想不想成才，你当我学生一天我就有义务教育你一天。""那您教过的学生都成才了吗？""告诉你，我教过的学生有北京市的状元，有研究生，有本科生，有中专生……不管是做什么工作的，都对社会做出了贡献，可以说都成才了。"下面的学生又开始七嘴八舌了，"对，每年教师节都有很多学生来看郭老师"……这时，小浓浓无奈地发出了一声叹息："哎……""你的问题问完了吗？""问完了。"这时正好下课了，我把他叫到办公室，本想批评完他，再安慰安慰他，可他依旧摆出一副绝不跟老师靠得太近的样子，我严肃地说："你说我卑鄙，现在却说不出我哪一点卑鄙，那你得向我道歉。""那好，我跟你道歉，我说错了。"说完，又摆出了他的经典表情，眉头紧皱，双手一摊。

和小浓浓的斗智斗勇，真是费脑子。回到办公室，我感到很累，静静地反思：如果我当时跟小浓浓发火，会是什么样的结果？如果当时我不理他，会是什么样的结果？有过错的学生由于担心受到人们的严厉指责与嘲笑，往往比较"心虚""敏感""有戒心""有敌意"，常常主观地认为教师也轻视自己、厌弃自己，甚至会"迫害"自己，以至于对真正关心他们的教师采取回避、沉默甚至对抗的态度，不愿接近。我们班的这个小浓浓就是这样，刚刚做完沙盘游戏，心理老师就跟我说小浓浓对周围的事物总是采取敌视的态度，不相信他人。这样的学生要从他的成长历程中找到答案，从而寻求解决问题的方法。

教师如何才能消除学生的"对抗逆反"心理呢？苏霍姆林斯基曾经指出，"人类有许多高尚的品格是人性的顶峰，那就是个人的自尊心"。尊重学生的人格，尤其是问题学生，教育者应本着循序渐进的原则，耐心地指导他们，热心地教育他们，即使批评也要注意"艺术性"，甚至加以策略性的"包庇"，如同在药片的表面涂上一层糖衣，做到良药不苦口，这样才能消除问题学生的逆反心理，引导他们在学习的道路上稳步前进，激发他们的学习动机，并且从内心对教师产生好感、信任和尊敬，产生良好的双向反馈，从而促进学生智力发展，促进其成才。

总之，对问题学生，教育者必须尊重他们，爱护他们，使他们像好学生一样健康成长。此外，我还认为对问题学生应该更宽容，那不仅是一种美德，还是一种教育艺术。"没有宽容就没有教育。"我真的庆幸自己当时没有发火，否则后果是不堪设想的。

（北京航空航天大学附属小学　郭育新）

★ 同行观点

【宝禄】佩服郭老师！在那样严峻的形势下，能想到让同学查字典解释"卑鄙"一词的意思，给了老师和当事学生冷静思考的时间，还让全班同学都参与到事件中来，不做旁观者和看热闹的人。用集体舆论来教育问题学生，不但能让小浓浓认识到自己的错误，也避免了老师与学生直接"顶牛"的状态。这是郭老师教育智慧的体现。

换作是我，我可能会采用"扬长避短"的方法处理。小浓浓的作业正确率很高，那我就委托他帮助一个学困生讲讲作业中的难题，讲对了在班里表扬他，突出他的优势；他的简笔画画得好，那我就在讲课时，故意设置一个难点，让他帮我画一幅简笔画，解决这个教学难点，展现他的特长。一来二去，等他和我的心"亲近"了，再去善意地提醒他改正其他的缺点，我想这样会容易些吧！

【王卫】就像郭老师说的那样：对问题学生，教育者必须尊重他们爱护他们，使他们像好学生一样健康成长。对问题学生，如果只是一味的责备，只能让他们的问题更加突出，因此我特别赞成郭老师的做法。

如果是我遇到这样的事，我也会和郭老师一样，给他们足够的尊重和关爱。我会对自己进行连续的追问：学生的问题是哪来的？他们希望变成现在这样吗？他们真的一无是处吗？只有知道了为什么，才能知道怎么办。其实，只要我们冷静下来想一想，就能找到其中的缘由。

我们班就有这样一个孩子，他的思维非常活跃，就是行为习惯特别差，在他的印象中，爸爸妈妈每天都很忙。有一次我问他长大后的理想是什么，他说："我长大要接替我老爸的公司，然后让它天天亏本，直到倒闭。"听到这样的回答，身为父母的成人还敢说"我们这样努力都是为了家庭，为了孩子"吗？我及时就此事和家长进行沟通，了解孩子的家庭情况，然后主动创造机会和孩子一起聊天、游戏，随时了解他的心理动向。

这个案例是郭老师与小浓浓"斗智斗勇"的故事，虽然剑拔弩张，但郭老师"四两拨千斤"，巧妙地化解了冲突。在案例的分析总结部分，郭老师的反思是真实、深刻的。

高年级小学生正处于心理逐步独立的过渡期，思维的独立性和批判性虽有一定程度的发展，但还很不成熟，加之经验不足，不懂得用历史的和辩证的眼光看问题，认知的偏差度较大，认识上容易产生片面性，看问题容易偏激，喜欢钻牛角尖，固执己见，把自己放在了教育者的对立面，继而产生逆反心理，走向极端。小浓浓就是这样一位有着严重逆反心理的学生。我认为对像小浓浓这样的学生可以采取三条路径实施教育。

第一，积极地等待。"三十六计走为上"，我认为对逆反学生的教育"等为上"。当然，这种等待不是抛弃和放弃，而是留下空间，让出余地，给学生时间反省。当学生违反纪律的时候，常常顶撞询问或干预的教师，态度很没礼貌，有时近于蛮横。教师出于自尊或碍于面子，就可能怒火万丈，不顾一切地要压倒问题生的气焰，扭转他的恶劣态度。教师的这种心情是完全可以理解的，但是这样往往让教师忘记了自己肩负的教育责任，教师的身份就会蜕变成学生的吵架对手。因此，教师可以暂避锋芒，暗中观察，了解情况，充分准备，知己知彼，才能百战不殆。与此同时，又可让学生有思考反省自己的机会。例如对待小浓浓，郭老师不妨大度一点，说："为了不耽误其他同学学习，我们课后再谈。"这样的"冷处理"，能够缓和气氛，使学生冷静理智，从而接受教师的教育。有时候，用沉默可替代对学生的直接批评。

第二，顺势而为。一个好教师，即使在他责备学生时，也时刻记着不能让孩子"成为一个好人"的火花熄灭。有这样一个教育故事：

> 一位学生对我的教育"油盐不进"，我挑选了一天放学后，请这位学生在教室里等我，告诉他我想请他带一封信给他母亲。当着他的面，我写了封信，随后我强调了好几遍，信是写给她妈妈的，不允许他擅自拆看，然后将信留在教室，称自己去取信封让他稍等。学生点头答应，但一脸的不情愿。我走出了教室，在教室外暗暗地观察着，没过一会儿，我发现这孩子谨慎地打开我的信读了起来，渐渐地脸上露出了微笑。孩子原本认为我写信是为了告状，却没想到我在信中写了他很多闪光点，并肯定、表扬了他，让他认识到了自己的优点。之后的日子里，孩子各方面都有了明显的改观。

这位教师利用了学生的逆反心理，取得了多次谈心都无法达到的教育效果。学生自身的调适是非常重要的，我们要引导学生认识到逆反并非一种独立自主的表现，而只是一种狭隘、偏激、非理性的表现，要教会学生多方面地看问题，多途径地解决问题，不要因"逆耳"而否定了老师、家长的"忠言"。

第三，改变教师自身。一位牧师给自己写了这样的墓志铭："在我年轻的时候，我想改变整个世界，我发现做不到；后来我又想改变我的家人和朋友，我发现依然做不到；最后我决定改变我自己，我做到了。如果当初我倒过来做呢？我自己改变了，也许就可以影响到我的家人和朋友，也许就可以进而影响到这个世界。"牧师用自己的一生证明了一个道理：改变要从自己开始！学业的压力和成长的烦恼在学生身上聚合，使他们情绪不稳定，班主任与学生打交道最多，稍不注意，就可能引爆学生的情绪，而且这种情况在逆反学生身上表现得尤为激烈。在实施批评教育的过程中，班主任客观上处于权威的一方，强势的一方，而学生则处于弱势的一方，所以班主任应该换位思考，努力站在学生的立场上思考问题，以自身的人格魅力去影响学生。高年级学生有强烈的争取平等权利的欲望，学生犯错误后，教师应尽量与之进行私下交流，保护其颜面。在与学生交流的过程中，教师还需要保持一种平和的心态。眼神的接触、身体的亲近、平静的语调，都能保持学生的尊严并消除他们要进行反抗的可能性。与此同时，尽量使用"请""谢谢你"等礼貌用语，表示自己对学生的尊重。

## 教室里总是满地狼藉

新老师，自然有新故事上演，但新接手的"问题班级"却没什么新气象，针对这一现象，班主任该怎么办呢？

✦ 故事讲述

王晓春老师写的《问题学生诊疗手册》一书，我读了之后觉得很有收获。通览这本书，核心理念是要教育一个问题学生，首先应该找准"病根"，不能凭教师的一己之见随意处理，并且要善于在教育的过程中对学生的问题进行综合分析，只有这样才能使教育有实效。合上书，我想到了六年级（2）班——我的问题班级。

2010年12月，刚刚休完产假的我接手了这个全校有名的问题班级：上课打架，上操被全校点名并留在操场单训，任何时间走进教室都是满地狼藉，损坏公物，玩烟牌、买卖烟牌成风，抄袭作业，骂老师，谈恋爱，偷钱，金钱交易……

至于这个班级如何走到今天，我们不必追究，以我的个人作风，班级再乱再散漫都可以慢慢改变，唯独教室卫生让我忍无可忍。每天走进教室都要像走太空步一样趟着走，验算纸、鼻涕纸、小纸条、零食包装等等到处可见，桌椅没有一秒钟是对齐的，怎么办？我陷入沉思……

我采取了四步改进措施：

第一步，整顿值日制度。

重新划分责任与分工，将每一项值日任务落实到每个人。结果效果显著，主要表现在以前任我喊破嗓子也没人扫地、擦黑板、擦窗台、倒垃圾，整顿之后，没人干的活能对上人了。

第二步，以身作则。

有一次，上课铃已经响了，当数学老师站在讲台上准备上课时，只听两个学生还在争执不休，我快步走上前去。原来，两个人座位之间有一团鼻涕纸，这二人用脚踢来踢去，谁也不愿捡起来。"好了，别吵了，我来捡！"我边说边弯腰捡起纸团扔进垃圾桶里离开了教室。在我的背后，四十多双眼睛看着我，"身教重于言教"，我不止一次地弯腰捡起地上的垃圾，我希望能渐渐影响孩子们。

第三步，编儿歌。

六年级了，还编儿歌？真够幼稚的！我自己也这么认为，但我还是这样去做了。"对齐桌子，对齐桌子，捡垃圾，捡垃圾。赶快对齐桌子，赶快对齐桌子，捡垃圾，捡垃圾……"用的是《两只老虎》的调子。唱歌之前，任凭我怎样吆喝、亲自捡垃圾，也还是没有人去行动；唱歌之后，学生的注意力转移到唱歌上，手下的动作不自觉地就和嘴里的词配合上了，我暗自欢喜。

第四步，奖惩结合。

我宣布卫生规定：脚下没垃圾的加分奖励，值日班长提醒一次就捡起来的不扣分，提醒两次及以上或根本就不捡的酌情扣分，每月末积分兑奖。"提醒一次不扣分"的规定比较得人心，因此这一规定还是有效果的。

我的思考：

如果说整顿值日制度、编儿歌、奖惩结合是我在整顿班级卫生过程中的"规定动作"，那么我的"以身作则"对于学生来说就是"自选动作"，学生可以选择向我学习，也可以选择不向我学习。三种"规定动作"都收到了一定的效果，而学生"自选动作"的措施没有收到效果。"以身作则"是每一位教育工作者都熟知并经常运用于教育实践的教育方法，但在我的教育实践中，这个方法却是最不见效的。在孩子们眼中，我的所作所为都是"应该的"。对今天的学生来说，"老师"这个词意味着什么？榜样？服务员？在教育实践中类似的现象还有很多，我们潜心追求的东西在学生面前却显得如此苍白无力，问题学生毕竟是少数，面对问题班级我该怎么办？

要想让现在的孩子们认识到"班级是自己的家"真是很难，我接手了几个频繁更换班主任的班级都有很多问题。学生对于走进教室的任何陌生人都很冷漠，还有很多孩子在家长的影响下为人处世十分功利，凡事不涉及个人利益是不会积极响应的。孩子们做"规定动作"或许并不是出于权威，因为他们从来就没怕过谁，老师把任务安排下去，责任到人，使他们无法逃避，那件事那个时间就该由他做，这是在老师安排下全班公认的，对于他们每个人来说都是公平的，谁也别想逃。在独生子女的世界里，他们不认同奉献，而认同公平。

不做"自选动作"可能也不是不接受老师的以身作则，而是不觉得老师为他们捡纸有什么不好、有什么不正常，因为在家里爸爸、妈妈、爷爷、奶奶、姥姥、姥爷都会为他们做很多类似的事，在他们看来，这很正常，只要不用自己捡就好。

对这样一个乱班，如何凝聚人心？如何使班主任的"规定动作"内化为学生的价值观？这里我要长期探索和关注的问题。

班级建设是一项十分复杂的工作，改变学生需要时间，孩子们的成长也需要等待，我们要少一些横向比较，多一些纵向比较，这样班集体建设会更具人性，更加生动。

（北京石油学院附属小学　张冬梅）

## ✦ 同行观点

【万霞】拜读了张老师的案例，一个智慧、用心的班主任跃然脑海。面对这样一个让人头疼的班级，孩子们整体缺失一种"不给别人添麻烦"的自律意识，缺少"服务他人、关爱他人"的热情，张老师努力用一系列的教育措施来帮助孩子们找回失去的品质，让人敬佩！

如果我面对这样一个班级，我会在各种活动的基础上，借助一些经典来教育学生。"置冠服，有定位，勿乱顿，致污秽""己所不欲，勿施于人"等等，让学生畅想一下是怎样一个景象。除了读经典，我们还可以用经典。从经典中找出学生急需培养的习惯，把经典制作成小徽牌，两周一个习惯养成，谁这方面比较突出，可以发小徽牌佩戴上。每天到校老师可以抱一本书和孩子一起读，引导学生多读书，书可以启迪人的心智、塑造人的心灵，当一个人内心强大的时候，就会有力量去帮助、关爱别人。

【志斌】"乱班"的主要表现是学生上课说话、做小动作、有各种各样的坏习惯，而且任凭教师软硬兼施，学生就是无动于衷。而教师接手"乱班"，最重要的就是找到"乱班"的症结所在，找到切入点，才能够"对症下药"，从而重新建立班级的制度。

同张老师一样，我接手一个"乱班"的时候，也会从小事入手，潜移默化地影响学生的日常习惯和为人处世，也会把班级的日常生活作为班级建设的突破口。作为一个新接班的教师，面对毫无章法的班级，首先要做的就是建立新的规章制度，而规章制度最好能让学生参与进来一起制定。这样，不仅可以让学生认可新的规章制度，还能让学生感受到老师对自己的尊重，便于日后工作的开展。其次，要抓住典型事件和典型人物及时地教育学生，因为典型事件和人物最能触动学生的心灵。其三，教师自己要以身作则，在班级里起带头作用，潜移默化地影响学生，让学生能够建立正确的是非观念。其四，要对学生的行为进行评价和反馈，让学生看到自己的进步或问题，明确努力的方向。最后，在班级逐步步上正轨的时候，教师可以带领学生建立自己的奋斗目标。尤其是毕业班的学生，他们都有自己心仪的初中，要激发学生的斗志，让他们重新点燃奋斗的火花。

在制定目标的时候，教师可以分阶段实施，要让学生"跳一跳就能摘到桃子"，等学生摘到"第一个桃子"就激励他们自主提出摘"第二个桃子"的目标。这样，经过一段时期的坚持和努力，学生的行为习惯和学习成绩都会有一个质的飞跃。

## ✦ 专业引领

有经验的教师都有此共识：看卫生，就知道一个班的班风好不好。张老师从教室环境卫生入手来转化问题班级，切入点小、近、实，张老师进一步要做的是把班级环境卫生建设的目的转化为学生自己的需要，将学生的问题当作教育的资源，以点带面建设良好的班风。

"牛不喝水强按头"是没有用的。所谓把班级环境卫生建设的目的转化为学生自己的需要，也就是引导学生由"要我做"变为"我要做"。有一位班主任老师利用隔壁班级上体育课的时间将全班学生带到隔壁教室上课，隔壁班是学校卫生免检班级，然后再将学生带回。学生走进自己的班级，看到摆得歪七竖八的桌椅，地面的果皮纸屑，都惭愧地低下了头。这位班主任立即与学生一起动手给教室"美容"。当学生在温馨的教室，看着自己的劳动成果，内心升腾起自豪感。接着，班主任倡议学生自己策划并组织一节以"我爱我家"为主题的班会，学生参与的积极性特别高。教师通过体验活动把外在的制度变成了学生自己的需要。

有的教师觉得这样做太费时，直接提出要求就可以。岂不知，教师明白不等于学生明白，学生口头认同并不等于内心接受。外在的要求如果不能启动内在的自我教育，那只是目中无人的机械管理，而非真正意义上的教育。为什么学生做游戏时在没有成人监督的情况下能很好地执行游戏规则？因为游戏规则是在过程中形成的，是学生自主协商的。学生借班上课及准备班会的过程，使制度变成了一个动态的、发自学生内心的需求，而不是教师强加给他们的禁令。

学生行为的改变，根子在于心灵的改变，而要走进学生心灵，必须以学生喜欢的方式进行，也就是使教育既"有意义"又"有意思"。张老师摸索出以童谣推广规则，用"奖惩结合"养成习惯的办法，让规则鲜活地走进学生的心田。我认为要使教室的环保成为习惯还要站在学生的立场，使用多样化的策略将主题内涵进行拓展延伸。例如：每天做完值日后，放上一段舒缓的钢琴曲，让学生欣赏自己的杰作，给自己鼓掌，发表感想，或每天将值日生做值日的照片，整洁的教室照片放在班级博客中，与家长分享，鼓励家长跟帖，对学生进行鼓励；播放新加坡、日本及国内文明城市的介绍，让学生感受优美的环境对提升生活品质的意义；鼓励家庭经济条件较好的家庭假期带孩子去发达国家旅游，亲身感受，回来后将自己的所见所闻所感在班级里分享；开展班会讨论自己的周围谁最爱清洁卫生，他是否受欢迎，为什么。如果空讲大道理，无异于纸上谈兵，"有意义"与"有意思"相互作用，良好的行为习惯就会慢慢养成了。

如果仅仅关注教室的环境卫生，那是"只见树木，不见森林"，案例中的老师选择了典型的日常事件，将教室的环境卫生作为教育的契机和资源。张老师下一步要做的是激励、点拨学生，帮助学生在实现目标的过程中发现更高的目标，例如与班委商量以后提出一个提案：每周只在周末的时候大扫除，平时只做保洁，每天的卫生评比要拿最高分，每周赢得"卫生流动红旗"，一学期后获得校级卫生示范班称号。相信在此过程中，学生的自信心、自主性、班级的凝聚力都会大大增强。当班级整体发展状态越来越好时，班主任可以将在环境卫生工作中创造出的美妙意境融通到班级生活的方方面面，进一步创造更高的发展平台。这样，环境卫生工作就能起到"四两拨千斤"的作用，班级管理"既见树木，又见森林"。

跋山涉水可以得到行走平川时得不到的收获，中途接班，尤其是接问题班级，常常可以得到接正常班所无法得到的收获。教育是慢的艺术，是渐变的等待，相信张老师会在实践中不断学习、总结和提高，天长日久，班级会呈现出生机勃勃的景象。

## "都是我把班级搅坏了"

有些"问题学生"的问题不是"习惯问题""道德问题"，而是"心理问题"。转化心理问题生的时候，教师的角色类似于心理医生，需要有一定的心理学知识，找到他的"情结"，才能解决问题。下面这个案例可以让我们看到一个有智慧的教师是如何帮助一个给自己贴上负面标签的学生形成积极的自我判断的。

✦ 故事讲述

刚接一个新班，纪律乱糟糟的。第一天语文课上，我刚转过身准备在黑板上写字，身后就传来一阵哄笑。我一回头，只见一个长得瘦瘦的男生正调皮地站在自己的桌边，转着圈，还不停地做着鬼脸。一般的孩子看到老师，会马上缩回到座位上，装作什么也没有发生的样子。但他却不同，还是张扬地站着，一副无所谓的样子。

看到这一幕，我的心里顿时升起了一股无名的怒火，心想：在课堂上敢公然这样不遵守纪律，不狠狠批评一下，你不知道我的厉害。但直觉告诉我，这个孩子对老师的批评已经无所谓了。如果此时我生气，跟他发火，没准正中他的下怀呢。我压了压火气，露出了笑脸。这时，做鬼脸的同学也安静下来，同学们笑着看着我，似乎在说："看你怎么办？"我轻轻走到淘气的男孩面前，摸摸他的头，把他扶到座位上，笑着对他说："老师相信你能遵守纪律。"他不好意思地低下了头。没想到，过了几分钟，他又重演了刚才的一幕，我还是不急不火地把他扶回了座位，并对全班同学说："请大家给他一点掌声。"我带头鼓起了掌。在这节课剩下的时间里，他也能安安静静听讲了。这节课捣乱的男孩叫小安。

接下来的日子，我对小安有了进一步的了解。每天在课堂上，他总是不停地做小动作，把铅笔盒里的笔摆得满桌都是，手不停地摆弄着，还在桌子上、书本上不停地写着，经常弄得满手和衣服上都是墨水，要不就说上几句"俏皮话"，引得全班同学哄笑，搅乱课堂纪律。他写作业，字迹潦草，根本没法看。课间的时候，他也是满教室瞎跑，好像谁也约束不了他。上操的时候，他的小动作更是多得出奇。我找他谈心，对他说："你要想评上进步生，应该努力才行。"没想到他对我说："老师，我根本就管不住自己。"

一次课间和小安聊天时，他很高兴地说："在幼儿园的时候，我是班上的故事大王。"我鼓励他："哇，那么小就当故事大王，现在就应该更棒了。"他小声说："不行，那是过去，我现在什么都不行。"

更令我难忘的是一次放学后，小安的作业没完成，我把他留下来了。此时，教室里只有我们两人，我没有批评他，而是耐心地告诉他，今后要按时完成作业，然后就让他补作业。不一会儿，小安自言自语地说："我们班原来挺好的，都是我一个人给搅坏的。老师把纪律好的同学放在我身边，都让我带坏了。"

这是一个认知严重扭曲的孩子，"我很坏，我不行"已经深深刻在了他幼小的心灵里，由于他不断地接受否定的评价，他已经对自己失去了信心，于是破罐子破摔。这种认知的扭曲，来自老师对他的不断批评，家长对他的失望态度，还有同学对他的嘲笑，这些使得他的错误认知不断强化。因此，帮助他正确认识自己、正确评价自己、建立自信心是关键的第一步。我在内心暗暗庆幸自己第一堂课时对他的态度。

对于这样一个孩子，批评是无济于事的，尽管小安在课堂上还是不停地违反纪律，但当着全班同学的面，我总是尽量提醒他，并不断地强化："人都会犯错误，老师也不例外，老师给你改正错误的机会。"他的行为渐渐有所收敛。

一次，写语文作业的时候，我指着他的本说："你看，这样乱糟糟的，多不好看啊，你想把它写好吗？""老师，我想把它写好，但是我就是写不好！"他还是一副肯定的语气。我紧接着说："你没有去做，怎么知道呢？试试看，好吗？"他点了点头，回到座位上了。我站到他的身边，只见他认认真真地写了第一个字，虽然出了格，但比起以前有了很大的进步。我不失时机地说："你看看，写得多好，如果能把字写小点，不出格就更好了。"只见他一笔一画写得可认真了，等到他把写好的作业送到我面前的时候，我更是大加赞扬说："哎呀，连老师都不相信，这是你写的。"说着，我在他的本上写上了一个"优"，并且认真地盖上了一朵鲜红的"小花"，站在一旁的小安显得局促不安。

我对小安说："别人能做到的，我相信你也能做到。"小安点了点头。我又给他提了一些上课的要求和课间的要求，他也表示今后要努力去做，最后，我对小安说："男子汉说话可要算话，我们拉钩怎么样？"小安迟疑地举起了他的小脏手，和我的小拇指钩在了一起，口里念念有词："拉钩，一百年不许变，谁变就是小狗。"我拿过他的本，在上面工工整整地写下了四个字："相信自己！"

第二天，我把小安请到了教室的前面，把他写的作业给全班同学看时，教室里响起了热烈的掌声。小安的头低得更低了。下课后，他跑到我的身边，对我说："老师，我觉得不自在。""为什么？""因为以前我习惯受批评，现在表扬我反倒不习惯了。"多么天真的孩子，他一语道出了自己在学校生活中的境遇。我对他说："以后你会慢慢习惯的。"

造成小安认知扭曲的原因是多方面的，所以要转变他这种错误的认知，除了老师要改变教育方法外，还要寻求家长的配合。我找小安的家长了解情况，并提醒家长要注意孩子的心理健康。小安的妈妈也反映她对小安指责太多，小安对家人的逆反心理严重。家长表示今后一定注意教育的方式方法。

小安生活在集体中，他犯了错误，同学们难免指指点点，有时甚至挖苦讥笑，这对小安的进步是极为不利的。我对全班同学进行教育：同学犯错误是难免的，每个人都会犯错误，但我们更应该看到犯错误的同学改正错误的态度，更应该看到他们的点滴进步，并不断给予鼓励。

（北京市育英学校　袁凤芹）

## ✦ 同行观点

此案例中的袁老师在接新班的第一节课上，就遇到了如此高难度的问题，真替袁老师捏一把汗呀。但是看完袁老师对这个问题的处理后，我被她机敏的反应、高深的涵养、高超的教育技巧所折服。所谓万事开头难，有了袁老师这精彩的开始，就预示着会有成功的结局。

在读案例的时候，我也在想：如果我遇到这样的学生该怎么办呢？我想可以尝试"值日班长"的方法。我会帮助、引导他当好这"一日班长"，我会教他怎样总结早读的情况；该表扬谁，该提醒谁，该给谁发小奖品；教他学会在中午广播时维持班里的纪律；教他认真地带领大家做眼保健操；教他怎样整队带领大家排队下楼上操；等等。最后，在放学前的总结会上，表扬他一天的工作。带领其他学生一起肯定他的管理能力，帮他重新树立自信心和在班级中的威信。让他听到同学对他的肯定，体验成功的快乐，看到自己付出努力后的价值。如此循环，循序渐进。我相信，他一定会走向成功。

【王卫】能够遇到袁老师，小安是幸福的。小安的例子再次告诉我们，其实教师眼中的那些"问题学生"也是希望得到别人认可的，这也是教师实施教育的基础。但这些孩子的转变不可能是一蹴而就的，否则他们就不叫问题学生了，所以，教师必须做好打持久战的准备，甚至允许他们再次犯同样的错误。

如果是我遇到这样的学生，我绝对不会说"上次刚说完，怎么还不长记性呀"这类的话语，因为它会让我之前的努力付诸东流。在和他交流时，要时刻给他传递一个信息：老师喜欢你。当他犯错时，尽量避免在全班同学面前进行批评，把他单独叫到一边，用我认为合适的方式（可以很生气，可以平静地讲道理，这里要视具体情况而定）和他交流，他也许会反驳，但我必须用自己的真情、真诚和智慧让他信服我。借助这样一次次的"密谈"，学生和我的距离就会越来越近，最终就会"亲其师，信其道"！

## ✦ 专业引领

在读案例的过程中，袁老师的形象越来越清晰地浮现在我眼前：理性、智慧、仁爱、和蔼可亲、循循善诱……

教师的爱心是教育成功的原动力。苏霍姆林斯基把教师热爱学生视为"教育的奥秘"，他认为师爱是教师发自内心的对学生关心、爱护、尊重、信任、期望、赏识以及尽责的美好情感，当学生感悟到这种师爱后，便会激发出积极向上的热情，从而达到良好的教育效果。袁老师对小安教育的初步成功，体现在她的拳拳爱心。转变小安这样自我否定的学生，最重要的是班主任自身要相信"每个学生都有成为好人的愿望"，正因为有了这样的信念，袁老师才会用伯乐的眼光去发现学生的闪光点，对自己的教育对象充满信心，不抛弃、不放弃，以足够的爱心，用呵护的态度对待学生。苏霍姆林斯基提出："如果每个儿童的喜悦和苦恼都敲打着你的心，引起你的思考、关怀和担心，那你就勇敢地选择崇高的教师工作作为自己的职业吧，你在其中能找到创造的喜悦。"相信袁老师也从小安的进步中找到了创造的喜悦。

学生自信心的激发与培养是教育成功的第一秘诀。德国教育学家斯普朗格认为："教育的最终目的不是传授已有的东西，而是要把人的创造力量诱导出来，将生命感、价值感唤醒。唤醒，是种价值手段。父母和教师不要总是叮咛、检查、监督、审查他们。孩子们一旦得到了更多的信任和期待，内在动力就会被激发，会更聪明、能干、有悟性。"让问题学生在学习中有成功感并找回自尊是教师转变问题学生的关键。

袁老师是一位有着二十几年班主任经验的优秀教师，根据经验判断，小安属于给自己贴上了"坏孩子"标签，"破罐子破摔"的学生，他后来的一些言语："老师，我根本就管不住自己""不行，那是过去，我现在什么都不行""我们班原来挺好的，都是我一个人给搅坏的。老师把纪律好的同学放在我身边，都让我带坏了""老师，我想把它写好，但是我就是写不好"等都证明袁老师的判断是正确的。袁老师把着力点放在为小安搭建进步的阶梯，从指导他规范写字为切入点，正确运用"标签效应"进行科学健康的心理和行为引导，帮助其树立自信，从而揭去负面的心理标签，树立积极的自我形象。

有人提出要让儿童接受挫折教育，但我认为对像小安这类缺乏自信的学生需要的不是失败的打击，而是别人的肯定、教师的赏识和成功的体验，通过这些，才能促使他们产生一种内驱力，促进他们成就动机的发展，促进他们发现自己，看到自己潜在的力量和优点，从而满怀信心地不断争取成功。正如苏霍姆林斯基在《给教师的建议》一书中所告诫教师们的那样："请记住：成功的欢乐是一种巨大的情绪力量，它可以促进儿童好好学习的愿望。请你注意，无论如何不要使这种内在的力量消失。缺少这种力量，教育上的任何巧妙措施都是无济于事的。"

从袁老师的案例中我还可以窥见她的大教育观：寻求家长配合，对全班进行教育，营造帮助小安向上、向善的良好的教育生态。但我认为袁老师对小安教育只是取得初步成功，教育者的宽容、循循善诱是必要的，但不能肆意扩大它们，不能天真地认为只要把学生表扬一番，他一高兴，就会进步。果真如此那教育岂不太简单了。王晓春老师在《今天怎样做教师》一书中提到，出了问题之后，我们老师往往习惯于"怎么办"而很少问"为什么"。"怎么办"无助于从根本上解决问题，只有"为什么"才能帮助我们找到解决问题的根本方法。"因材施教"对每一个从事教育的人来说都是耳熟能详的，而要真正做到"因材施教"，就必须对"材"进行细致的了解，诸如其性格脾气、家庭背景、学习方式、思维特点等等。袁老师的案例少了最重要的中间环节，即追问和分析。读懂孩子，我想这才是转化问题生最关键的地方。

# 他开始写作业了

宽容问题学生，表面看来是"退一步"，而实质上是"进两步"，使教育真正深入到学生心灵深处。读一读下面的案例，相信你能从中体会到"宽容"的非凡魅力。

## ✦ 故事讲述

"宽容却不放任，严格却不呆板，启迪而不包办，平实兼具艺术。"作为一名小学班主任，面对班级中发生的种种问题，宽容和耐心的教育远比潮水般的呵斥好得多，合格的教师应该具有宽容的品质和母爱般的胸怀。海纳百川，有容乃大，宽容会让你的教育有许多意外的收获。

韩平洋是我们班的一名男生，个头小小的，衣服的拉链总是拉到最上边，声音也很细，笑起来总是爱呲着小牙，戴副眼镜着实可爱。但是，最令人"难忘"的是他的作业总是完不成，或者干脆就一点也不写。

　　一早，组长跑来送作业，我问她："作业收齐了吗？""没有，名单我写在本子上了。"我拿来一看，一眼就看到了韩平洋的名字。"又是他，韩平洋，这可能是第Ｎ次了！""他老不写作业。"组长说。我火冒三丈，放下书径直走向教室。

　　眼前的景象更是让我怒不可遏。韩平洋正手拿玩具枪和其他同学追着射击，各色子弹遍及教室每个角落。见我进来，他马上把手枪塞进了裤兜，口中念念有词地看着课本，一副若无其事的样子。我想起了以前曾狂风暴雨般地批评他，他总是那副可怜的样子，而且每一次都是信誓旦旦地保证，以后一定完成作业。我心想："今天好了，让我抓了个现形，看你再怎么开脱？要好好收拾你一下，看你还长不长记性？！"我走到他面前，当我的"正义之手"伸出的时候，突然停下了，透过镜片一双明亮的眼睛在盯着我，湿润的，好像在向我说些什么，又好像是在祈求或保证着什么。想起他从前的表现，我提醒自己不要再上当，然而我的手在半空中却莫名其妙地抖了一下，最终我伸出的手只是摸了摸他的头，并微笑着说了一句当时十分违心的话："嗯，念书呢，学习就要这样子，坚持啊！"

　　这时值日的班干部梁元元过来想解释什么，被我示意拒绝了。"只要你有上进心，想要改变自己，提高自己，是没有人能够拦得住你的，加油啊。"我接着说，拍拍他的肩膀，做了一个加油的手势，走出教室，没有批评他。

事情就这样过去了许多天，一早，组长跑来送作业，"都完成了吗？"我问。"没有，有一名同学，名字我写在记录本上了。"我例行公事般的把本子拿来一看，"丁老师，现在同学们的学习热情可高了，作业完成得都特别好。尤其是韩平洋，作业完成得特别认真。"组长的话提醒了我，是啊，我每天都批作业，怎么就没注意到他呢？"我都好几次没记录他了。"我拿起本子翻了翻，他的名字自从上次那件事后就没再出现过。

我发现自己犯了一个大大的错误，就是那次破天荒地改变教育方式之后，没有继续关注他的表现，适时地对他的转变给予肯定和表扬，我有些懊悔。"丁老师，给他加分吧。"在一旁的组长看着我说。"对，加分！我还要在班上表扬他呢！"我俩高兴地走向教室。根据同学们的意见，我在他的评比栏里贴上了一朵红花，又让他向同学们介绍了自己这些天来的学习经历和感受。这有可能是他在校以来受到的最高级别的褒奖吧，看得出他很激动很开心。

秋日的清晨凉飕飕的，一进校门，我便看到了正在值日的韩平洋，他也看到了我，还朝着我咧嘴一笑。办公桌上有封信，拆开信封，有一封信和一个叠得小小的纸船。信中这样写道：

> 丁老师：您好。韩平洋的进步让我们家长感到无比的欣慰和高兴，是您的宽容和耐心的教育让他有了如此大的转变。
>
> 衷心地谢谢您！

这是一个令我没有想到的结果。宽容是阳光，让每一个学生感受到阳光般的关怀和温暖，不正是我们教师应该做的吗？学生毕竟还只是学生，他会慢慢地学习和提升自己，在人生的初始阶段，教师和家长是他们的导航员，面对孩子出现的问题，一味的呵斥和批评，可能更易使他们偏离航线。

望着眼前这个小小的纸船，我知道老师的宽容已让他从内心深处产生了改正错误的愿望，而这也正是我所期待的结果啊！我想：学生们年龄还小，难免会犯错。教育注重的不应是错误本身，而是希望学生们以后会做得更好。那么，找出合适的方法，用适度的宽容为学生搭一个台阶，给予他们改错的机会，才能真正唤起他们自尊自爱和勇于改错的觉悟！

我小心翼翼地将纸船放在手心，默默地注视着它。我知道，有一天，它是要扬帆远航的！我的一个小小的举动，一句简单的话语，不仅仅收获了韩平洋的改变，更让我感受到了宽容别人所产生的强大力量！

赞科夫说："当教师必不可少的，甚至几乎是最主要的品质就是热爱学生。""金凤凰"要爱，"丑小鸭"更得爱，唯有爱满天下才能换来桃李芬芳。一个生病的学生看到老师为自己着急得流泪，一定会倍感温暖而铭记在心；一个能对学生问寒问暖的老师，必定是一个深受学生喜爱的好老师。面对学生的偶然犯错甚至是冒犯自己，你是宽容地就势引导，还是大发脾气或撒手不管呢？有爱心的教师总是选择前者，他们善于把关怀和宽容作为与学生沟通的法宝。

（北京市海淀区肖家河小学　丁金明）

## ✦ 同行观点

【林波】苏霍姆林斯基说："一个有学识的、善于思考的、有经验的教师，他并不花很长的时间去准备明天的课，直接花在备课上的时间是很少的。……但他确实一生都在为上好一节课而准备着。"我觉得丁老师之所以有当时那样的行为，是因为他对学生的爱有长期的积淀。他用爱唤醒了学生对美好生活的愿望，从而努力改正自己的缺点。这说明教师的爱是教育的基础，是一切正确教育行为的出发点。没有爱就没有教育。

在我们班我是这样进行作业管理的：每位学生到校做的第一件事就是将作业交给课代表，课代表记录两点：一是这次作业与上一次对比，书写有进步吗？二是作业完成的数量。进步的用彩笔记录，退步的用黑笔记录。然后我每天看课代表的作业记录本，就能准确地掌握班级中每个人的动向。因而不会疏忽某个同学的进步而丧失教育良机。其次，学生没有写作业，我不会等到连续几天没写才去问学生原因，我会当天发现，当天了解情况，不给学生钻空子的机会，因为坏习惯一旦养成会很难改掉。对待不完成作业的学生应该以预防为主，晚上可以打电话询问、提醒，也可以拿着学生做得好的作业当面夸奖，提出期盼，这样会提高学生以后完成作业的信心。

能够走进学困生的心灵，感受学困生心灵的律动，才是优秀的教师；能够把学生引领到自我教育的天地，才是高明的教师。

【彦玲】面对屡次不完成作业的韩平洋，丁老师能够改变自己的态度，用宽容和智慧代替"急风暴雨"，让韩平洋感受到老师对他的爱，对他的信任，从而树立了信心，变成一个按时完成作业的好学生。

我所带的班级也有个别像韩平洋这样不完成作业的学生，我的方法是找出病因，对症下药。第一，了解一下学生为什么不完成作业，是因为习惯不好、写作业速度太慢，还是因为作业难度大、完成起来有困难。第二，分析情况，讲道理，使学生认识到做作业的重要性，完成作业是自己的事情，是自己的需要，是课堂学习的一种补充。第三，布置作业时给学生多种选择，做到根据学生的不同需求，分层布置作业。第四，不写作业的学生决不轻易放过，消除学生的侥幸心理。第五，取得家长支持，请家长提醒孩子在规定的时间内完成作业，并督促检查。

据说 21 天能培养一个好习惯，请相信坚持的力量！

## ✦ 专业引领

我很喜欢丁老师的这篇案例，喜欢它的真实，喜欢它的原汁原味。

丁老师拥有一颗爱学生的心。对教师来说，拥有一颗爱学生的心是很重要的，它是教育的前提和基础。丁老师在案例中叙述道："当我的'正义之手'伸出的时候，突然停下了，透过镜片一双明亮的眼睛在盯着我，湿润的，好像在向我说些什么，又好像是在祈求或保证着什么。"只有有了爱学生的心，才能读懂学生，才能敏感地把握学生的思想和情感的律动，才能真正为学生的发展着想。

丁老师对学生的爱是以宽容来传递的。小学生由于自控能力差，他们难免会出现这样或那样的过失。只要不是原则性错误，教师就要利用一切教育资源给学生一个台阶下，使热问题得到冷处理，这更是给学生一个认识、改正的机会。每一个问题学生的真正转变都是从他的心灵震动开始的，不触及心灵的教育不是真正的教育，也不可能使问题学生发生根本的改变。丁老师用宽容将责罚转化为一种无声的教育，学生从老师对他的宽容中感受到老师对他的爱护和对他的人格的尊重。从获得这个尊重开始，学生就可能对自己的言行进行反省，内心开始进行斗争，这是一个从被动接受教育到主动进行自我教育的内省过程。

丁老师在案例中不自觉地运用了"皮格玛利翁效应"，即期待效应。在现实的教育情境中，问题学生常常冒出一些小插曲：逃值日，偷拿别人东西，欺负同学，没做作业，恶作剧……这样的事例数不胜数。但有经验的班主任都知道，没有一个孩子是真的不求上进。"嗯，念书呢，学习就要这样子，坚持啊！""只要你有上进心，想要改变自己，提高自己，是没有人能够拦得住你的，加油啊。"从韩平洋的进步我们可以感受到期待的力量、暗示的力量、赏识的力量。可能有老师认为丁老师说违心话不可取，但我认为为了呵护学生的心灵，为了学生的成长进步，这样的谎言变为理解、尊重和信任，具有神奇的力量。

看过丁老师的案例，我感觉对韩平洋教育的成功，"运气"的成分很重。因为从案例中可以窥见他对问题学生的教育缺乏探究精神，缺乏必要的反思，更多凭的是脑海里对问题的直观感受。遇到问题生出现问题，第一反应好像科学家看见奇花异草，怀着好奇心问道："这到底是什么植物？为什么会长在这里？"光有第一个"为什么"是不够的，后面要紧跟着一连串的"为什么"，要不停地追问。这种反应导向冷静，导向询问和研究，最有利于问题的解决。当教师冷静地把问题学生当作一个研究对象的时候，对他的反感和厌恶立刻就减轻了。好奇心能冲淡厌恶，认知欲望越强烈，态度就越冷静。建议丁老师沿着"怎么样——为什么——怎么办"的研究思路对问题学生进行诊断和个性化教育，这样，问题生的转化会更有把握。当然这需要有教育学、心理学的专业知识，需要有社会阅历做支持，我们应该在这些方面不断丰富自己。

## 带她走出一个人的世界

有人对班主任做过一项调查，问题是："多动不守纪律的学生和沉默寡言有退缩行为的学生相比，你认为谁的问题更为严重，更引起你的关注？"结果，绝大部分班主任都选择前者。但作为班主任，对表面看起来老实听话、不惹是生非的学生绝不能掉以轻心。因为这类性格孤僻的学生，往往比较多疑、敏感、懦弱、畏首畏尾，而他们内心深处又十分渴望得到教师的关爱。在下面的案例中，郑建忠老师特别的爱给予了一位学生，促进了学生身心的和谐发展。

✦ 故事讲述

孩子的天性是活泼好动、天真烂漫的，但我的学生小雨却是那么的与众不同。

小雨是一名 11 岁女孩，课上她总是在座位上静静地呆坐着，眼神空洞，面色漠然。每当老师叫到她的名字时，一遍、两遍，甚至三遍、四遍，她才极不情愿地、慢腾腾地站起来，但仍旧一副茫然的表情，似乎她的任务只是站起来而已，根本不打算回答问题。在小组学习中，她更是被动，不管别人交流多么热烈，她总是一言不发，呆呆地站在一旁。她是那么的孤独，整天沉默不语，一人独坐，好像与老师、同学隔绝了一样。但只要她觉得受一点儿委屈，就会大哭起来。

她就像一只孤独的小鸟，唱不出动听的歌声，展不起美丽的翅膀。

小雨为什么会这样离群独往、郁郁寡欢呢？我设法了解她的过去，原来小雨学习属于中下水平，长期以来，老师、同学极少关注她，无形之中使她产生了自卑感：我是不行的，我是无能的；老师是苛刻的，令人害怕的；同学是爱嘲笑人的，不能接近的。每当上课时，她关注的不是学习内容本身，而是琢磨自身行为会招来同学们什么样的反应；进而为发言、为与人交往而焦虑。精神上的焦虑影响了她的学习情绪，导致成绩不断下滑，引发进一步的焦虑。如此循环，心里的创伤越来越深，她也越来越害怕受到伤害，害怕交往。

我深信，她的内心一定渴望有人来关注自己，来欣赏自己。我决心走进她的内心世界，帮助她唱出动听的歌声，展起美丽的翅膀。

为了让小雨获得同学情感上的支持，我特意安排两个学习较好、性格开朗、乐于助人的女同学坐在她的旁边，向这两个同学明确了这样安排座位的目的——帮助她，感染她。在我的建议下，她们处处寻找小雨的优点并通过聊天的方式传达给小雨。小组合作时，这两个同学主动邀请小雨参加。此后，我从小雨的表情及举止上似乎可以看出，她可能已感受到了同学的关心与鼓励。

表面的冰融化了，内心的冰如何融化呢？

一天早读时，课代表带领同学们读课文，教室里书声琅琅，此时我站在前面，小雨的声音传入了我的耳中。听到她的声音，我感到惊喜。因为以前读书时好像从没听到过小雨发出这么大的声音。本来读书时间该结束了，但我又让同学们继续读了下去。

讲评早读时，我向同学们提出了一个问题："我为什么让你们多读一遍呢？"

"我们没有读好。"

"这一段内容很重要。"几个不同答案从学生口中脱口而出。

"这些都不是主要原因，原因是小雨同学。"同学们一听小雨的名字，各种眼神齐刷刷地聚焦到了她的身上。见此情景，我特意大声地说："今天我要表扬小雨同学。"

"小雨同学？"同学们发出了疑问。

"因为我站在前面，听到了小雨响亮的读书声！"我的语气很肯定，随即教室里发出了热烈的掌声。见此情景，小雨的脸上露出了微微笑意。

我对小雨的朗读能力心里有数了，一次课上，虽然小雨没有举手，但我还是叫她起来读课文。出乎我的预料，我只叫了一次，小雨就站了起来。全班一片寂静。经过大概五六秒钟的踌躇，她终于读了起来。她读书的声音比以前少有的几次大了许多，读得也比以前流利了。全班的掌声如潮水般响了起来，整个课堂都被一股暖流包围着。我高兴地冲她竖起了大拇指。我看得出，她的表情轻松了许多。

除此之外，我还建议小雨从自己最喜欢的音乐课开始，尝试主动举手发言，成功以后，再尝试在其他课上发言，可以选一些比较简单的、自己十分有把握的问题来回答。我还让小雨与另外一名同学共同负责眼保健操的检查工作。两天以后，我发现小雨在检查眼保健操时敢于提醒同学了，还主动设计了一个眼保健操检查记录本。此时小雨已经逐渐卸下了心理负担。这个曾经沉默的孩子，终于大胆地开口了，比赛时也敢给伙伴们喊加油了。看到小雨天真的笑容，听到小雨欢快的笑声，我为她的改变而欣喜。

（北京市海淀区红山小学　郑建忠）

✦ 同行观点

【腊华】爱能创造奇迹。郑老师的案例很好地诠释了这个道理。一颗被冷落了很久的童心在爱的感召下暖化了。小雨同学是幸运的，她遇到了富有爱心并且有教育方法的郑老师，他的爱心、耐心带给了她信心，使得她能够敞开封闭已久的心，放开自己，融入到班级生活之中。如果是我，我也会像郑老师那样，想尽一切办法帮助小雨同学，我会先了解她性格形成的原因，再与她一起有针对性地设计训练计划，明确目标，例如：（1）一天内要主动举手回答一次问题；（2）一周内能主动与同学打招呼；（3）两周内，在小组讨论时能发言；（4）一个月内，在语文课上能当众阅读一段文章；（5）两个月内能主动提问；（6）三个月内能在全班讲一则小故事；（7）学期期末能就班级工作提出一个建议，并努力争取大家认同。当然，为了避免给学生增添心理压力，这个目标也可以只是教师自己心中有数，有的放矢、润物无声地帮助学生在学习生活中逐步完善自我。

【王卫】苏霍姆林斯基有一句名言：要让学生都抬起头来走路！

郑老师就是秉持这种信念挽救了小雨，使她在充满师爱的激励中勇敢地走出阴影，拥有乐观、开朗、积极的性格。如果是我，对像小雨这样的学生会给予更多关爱和慈祥的目光，滋润和温暖他们的心田；我会给予更多的微笑，让他们从我的微笑中获得理解、宽容和信任；我会给予这类学生更多的表扬，燃起他们心中自信的火苗；我会走进他们的家庭，全面了解学生的情况，取得家长的信任和支持，因材施教；我会开展丰富多彩的活动，扩大学生的交往范围，使他们更好地融入集体生活，以集体的力量融化他们心中的坚冰。

## ✦ 专业引领

有专家认为评价学校教育是否优质，最重要的指标是学校教育是否给学生留下了温暖的记忆和色彩。无疑，案例中的郑老师对小雨的关注和心理干预，给她留下了温暖的记忆和色彩。

温暖来自郑老师能读懂学生。卢梭在《爱弥儿》一书中写道："你必须好好地了解你的学生以后，才能对他说第一句话。"郑老师对小雨情形的描述真切、生动，尤其是读到"每当上课时，她关注的不是学习内容本身，而是琢磨自身行为会遭来同学们什么样的反应"，我惊叹郑老师对小雨的内心世界真是洞察入微。著名教育家赞可夫认为：敏锐的观察力是一个教师最宝贵的品质之一，对一个有观察力的教师来说，学生的欢乐、兴奋、惊奇、疑惑、恐惧、受窘和其他内心活动的最细微的表现，都逃不过他的眼睛。一个教师如果对这些表现熟视无睹，他就很难成为学生的良师益友。

案例中郑老师的敏锐表现为能在细微处发现问题，及时发现学生的每一点变化，例如，"此后，我从小雨的表情及举止上似乎可以看出，她可能已感受到了同学的关心与鼓励""一天早读时，课代表带领同学们在读课文，教室里书声琅琅，此时我站在前面，小雨的声音传入了我的耳中。听到她的声音，我感到惊喜"。郑老师从小雨的神态和表情中捕捉到她思想感情的变化，及时地发现她身上隐藏的极其微小的闪光点。学生每时每刻都在发生变化，只有从细小的变化中才能触摸到学生的心灵世界，了解他们的心理需求，及时抓住教育的契机。

温暖还来自郑老师科学施爱。班主任的爱应该是一种高尚的爱，深沉的爱，理智的爱，科学的爱，恰到好处的爱，富有艺术的爱。班主任只有懂得了爱的艺术，才能春风化雨。郑老师科学施爱表现在他能对学生的问题进行正确判断，能深入剖析问题的成因，有善爱的办法，即对"是什么""为什么""怎么办"作出正确回应。郑老师"特意安排两个学习较好、性格开朗、乐于助人的女同学坐在她的旁边"，这种帮助是不露声色的；"因为我站在前面，听到了小雨响亮的读书声"，这种鼓励是合时宜的；"我对小雨的朗读能力心里有数了，一次课上，虽然小雨没有举手，但我还是叫她起来读课文""我还建议小雨从自己最喜欢的音乐课开始，尝试主动举手发言，成功以后，再尝试在其他课上发言""我还让小雨与另外一名同学共同负责眼保健操的检查工作"，郑老师对小雨的要求是渐进的，目标是小雨经过努力能达到的。因此，小雨的进步十分明显，由一言不发到大声朗读，从被动参与到积极主动……小雨这只孤独的小鸟，终于唱出动听的歌声，展开美丽的翅膀。

给郑老师的两点建议：

1. 在做问题学生转化工作的时候不要忽视教育的同盟军——家长的作用。父母的性格及养育环境会影响学生心理品质的发展。疑似自闭的学生之所以会出现人际交往的困惑，往往源自他们的家庭。班主任要与家长达成共识，形成家校联动，制定促使问题学生转变的方案，与家长共同创设适合孩子转变的氛围，优化其心理健康成长环境。例如，在家里父母先改变自己对孩子的做法，通过做家务、问学校的事情、聊天等，一步一步地让孩子开口交流。

2. 开展活动帮助学生学会正确看待自己。"人贵有自知之明"，正确的自我评价，对个人的心理和行为及人际关系皆有重大影响。自卑的学生大多自我评价过低，他们往往看不到自己的优点和长处，甚至认为自己一无是处。如果能够组织适当的教育教学活动，如开展"夸夸我自己""我最欣赏的同学"等活动，就可以帮助他们正确地认识和评价自己，既看到自己的不足，也能看到自己的优点，从而有利于他们树立自信；在听同伴的自我描述以及对同伴的赞美过程中，能进一步了解同伴，欣赏同伴具有的许多优点，有利于融洽与同伴的关系。

真心的付出，再加上时间和智慧，终会换来教育诗意的收获。

# 6<sup>+</sup> 家校沟通

经常听教师抱怨说，现在的学生难教育，家长也很不讲理，家长对教育孩子推卸责任，家长不配合教师的工作，家长事多，家长素质太差等。一些教师甚至认为，自己与相当一部分家长不是教育的伙伴，而是教育的对手。另一方面，也听到一些家长抱怨老师师德差，对孩子不能一视同仁等。产生这些问题的主要原因是学校、教师和学生家长之间的沟通出现了问题。

苏霍姆林斯基曾说："教育的效果取决于学校家庭的一致性，如果没有这种一致性，学校的教学、教育就会像纸做的房子一样倒塌。"学校教育固然重要，但是家庭教育的作用同样不可忽视，家校沟通才能促进相互了解，家校配合才能有效整合学校教育与家庭教育的力量，促进学生全面发展、健康成长。但家长的职业不同、层次不同，教育孩子的观念也不同，要让他们都能与学校有效合作，真的很不容易。班主任与家长沟通意识不强、沟通技能低下、沟通策略缺乏、沟通存在障碍等问题变得非常突出和普遍。这非但不利于孩子的健康发展，也直接导致了家长与班主任关系的紧张或恶化，甚至酝酿了尖锐的冲突。沟通作为一种复杂的心理交流行为，比一般人所想象的要远为复杂，只有充分认识沟通的必要性，掌握必要的沟通技巧，善于运用各种沟通策略，才能使家校"和谐共振"。

## 孩子与妈妈陷入了"冷战"

每个孩子都是有内在尊严的独特个体，但在现实生活中，一些家长"威权"意识强，缺少科学的沟通方法和必要的沟通经验，在与孩子沟通时语言简单粗暴，导致孩子与家长之间矛盾重重。著名教育家苏霍姆林斯基指出："在我们的时代，据我看来，没有比指导母亲和父亲教育儿童更为重要的任务了。"班主任"闻道在先，学有专术"，有责任给予针对性的指导。

✦ 故事讲述

　　"我恨我的妈妈！那天，我的日记被妈妈偷看了，我觉得特别的愤怒，很委屈，所以和妈妈大吵了一架，并且发誓再也不会原谅她。那天放学她又要翻看我的书包，无论她怎么说怎么抢我就是不让她看，她气极了，又打了我。以前她打我，我还用手挡着，现在她再打我，我就用坚毅的目光瞪着她，用坚强的臂膀迎接她，看她还怎么办。"这出自我们班一个五年级男孩的周记。

　　读完孩子的周记，我感到了问题的严重性，赶紧与孩子的母亲进行了沟通，孩子的母亲同样觉得委屈，她说她觉得儿子越来越不爱说话，每天回家就把自己关在房间里，她主动与之交流，孩子总是"嗯""啊"的应付，所以，她才不得已去翻看孩子的日记。现在孩子和她闹得很僵，也不理她了，"老师，您帮帮我，我该怎么办呢？"孩子的母亲很着急地说。

　　看到家长和孩子如此烦恼，都向我这个班主任求救，我也陷入了深思，该怎样解决这件棘手的事情呢？现在的孩子都很有个性，有自己的思想，不愿意受束缚和管制。很多父母都会觉得孩子越大越陌生，喜欢特立独行，和父母之间的话也逐渐变少，就像他们和父母是来自不同星球的人一样。

　　其实，人与人之间离不开沟通和交流。沟通和交流的根本目的不仅仅是为了交换信息、拓宽思路、统一认识，也不仅仅是一个反馈、激励、辅导的过程，还是相互了解、增强信任的最佳手段。父母与孩子之间的沟通也是如此，有效的沟通能够满足孩子精神生活的需求，随着孩子年龄的增长，良好的沟通和交流也会促使亲子之间衍生出更加牢固的多重关系，比如朋友、兄长、姐妹等。沟通和交流对父母和孩子来说都是一个不断提高的过程，同时也是建立良好关系的重要途径，所以让双方进行有效沟通成为解决问题的关键。

于是，我先和家长联系，详细地了解了孩子在家的情况。同时，我也了解到家长对孩子的教育方式有些武断，他们的一些想法并没有与孩子交流，而是直接就让孩子按自己的意愿做，不管孩子到底是怎样想的。我又找了机会和孩子谈，了解了一些孩子内心的想法，告诉他妈妈的一些苦心，孩子很懂事地表示理解。我告诉孩子有什么事情都要及时和家长沟通，因为他们是自己最亲近的人。孩子答应了。我又赶紧给家长打电话，让他们也能主动和孩子沟通这件事，家长表示可以。第二天，家长告诉我，孩子回来只和他们说了一句"对不起"，就进自己屋子了，再没有别的话了。

看来，一味的说服并不能从根本上解决孩子的心理问题。

我想这个男孩和妈妈的关系冷若冰霜，并且从心里就不愿意和妈妈进行沟通交流，有很大一部分原因来自家长。于是，我又把家长请来，和她一起分析教育孩子过程中的问题。通过妈妈讲的一些例子，我认为孩子不能和妈妈很好地沟通，原因在于：

其一，妈妈的教育方式粗暴，严重伤害了孩子的自尊。家长总是认为，孩子是自己的，想怎样管就怎样管，说教不起作用的时候就一定要动用武力，否则孩子会上天的。殊不知，五年级的孩子总感觉自己已经长大，不希望父母用对待小孩子的方式来对待他，无论他的想法与行动是怎样，都渴望得到大人的理解与尊重。但男孩的妈妈却偷看了孩子的日记，并且还要在孩子不同意的情况下查看孩子的书包，冲突中还动手打了孩子，这一打真的把孩子的自尊和孩子对妈妈的尊重全都打跑了，他用仇恨的眼光盯着妈妈，说明他已经不屑与妈妈进行沟通，母子之间相互沟通的桥梁已经坍塌了。

其二，妈妈与孩子都没有用心倾听对方。当妈妈关切地询问孩子的一些情况时，孩子总是嫌妈妈唠叨，对妈妈冷言冷语、敷衍了事，完全没有感受到妈妈的关爱之心；妈妈呢，发现孩子的问题，不容孩子解释就暴跳如雷，大声训斥；孩子在想要寻找倾诉对象时，发现自己又遭到一番教育，甚至成为妈妈的撒气筒，如此这般，孩子还愿意和家长沟通吗？！

其三，妈妈不了解自己的孩子。进入五年级的孩子，他们在想些什么？他们喜欢什么？家长恐怕不是特别清楚。当发现孩子在听周杰伦的歌时，家长会说"周杰伦的歌是什么呀，乱七八糟的！"当发现孩子在看《喜羊羊与灰太狼》的动画片时，家长会说："都多大了，还看动画片，有什么意思呀？"对于孩子做的事情家长总是主观臆断，全面否定，按照大人的思维方式要求孩子，让孩子感到和家长没有共同语言，无法与家长沟通交流，所以当家长想与孩子沟通时，孩子会采取逃避的方式。

其四，妈妈与孩子的沟通方式缺少变化。当今社会，手机、互联网的普及都为孩子与外界的沟通打开了一扇精彩纷呈的门，此时父母重复的简单说教显得那样苍白无力，对孩子没有任何的吸引力与说服力，孩子甚至会怀疑父母的说教是否正确，这样交流必然不会达到良好的沟通效果。

作为家长，如何才能与孩子进行有效沟通呢？我提出以下建议：

1. 学会彼此尊重

不管遇到孩子的什么问题，家长都要冷静地处理，不要让过激的情绪伤了孩子的自尊心，使沟通出现阻碍，这样不仅于事无补，还会起到坏作用。只有尊重孩子，才能走进孩子的心灵，父母与孩子之间才能有愉快的沟通。在学习生活中孩子有自己独特的体验与感受，很多家长有时会忽视孩子的这种感受，按照自己的方式对孩子进行控制、说教，流露出焦虑、失望等心理状态，导致和孩子的沟通陷入矛盾之中。

家长应该有这样的意识，孩子是孩子，家长是家长，家长不要把自己的想法强加给孩子，虽然孩子的思维和心理发展还不成熟，但他拥有和成年人一样的人格尊严，只有尊重才会让孩子向家长打开心扉。

2. 学会倾听，用心交流

很多时候，孩子并不需要父母的指导和教训，他们需要的是有人倾听他们的诉说，有人理解他们的感受。沟通不一定需要语言，有时，一个理解的眼神、一个温暖的拥抱胜过千言万语。

有些家长与孩子沟通时，往往还没弄清怎么回事就草草地下结论："什么？你又犯错误了？"孩子刚要分辩，紧接着又受到一番训斥："天天叮嘱你，你怎么就是不长记性呢？"孩子想解释，但都被家长的责备顶了回去，孩子只好把委屈和后悔统统藏在心里。给孩子倾诉的机会，让孩子宣泄心中的郁闷，这对孩子的心理健康是非常重要的。因此，"沉默是金"，在沟通中，用心倾听非常重要，甚至比说更重要。

3. 相互了解，与孩子共情

我们常听孩子对家长说"跟你说，你也不懂"，是啊，谁愿意和一个没有共同语言的人倾心交谈呢？作为家长，很想了解孩子的一切，希望孩子多讲讲他们的事情，可是，讲什么呢？

所以，要想和孩子有很好的沟通，就要去了解孩子。我们做家长的不要想当然，不要带着自己的判断和成见来和孩子交流。先放下自己的判断，静下心来，认真听一听孩子喜欢的周杰伦的歌，和孩子一起看一看你认为无用的动画片。你也许会发现，周杰伦的歌原来很好听，那些动画片也很好看，而且，其中还有许多知识和道理，孩子也会从中学到很多。你还可以和孩子就动画片里的一些情节进行讨论，告诉孩子什么是真善美，对孩子的"教育"顺便也进行了，不是很好吗？努力和孩子建立共同的爱好，了解孩子，懂孩子，孩子才有和你交流的兴趣和欲望。

4. 多种方式，沟通无极限

现在，手机、QQ、邮件等沟通方式层出不穷，为沟通提供了很好的平台，家长和孩子都可以选择自己喜欢的方式进行沟通，不好意思当面说的话可以彼此发个短信，既方便又坦然。

作为父母应该明白，"听"和"说"是一个彼此沟通的过程，是双方的事情，各自表达清楚，彼此领悟到对方的意思，这样才能使问题浮出水面，才可能有效地解决问题。与孩子沟通是为了解决问题，不是批评，不是命令，不是逼问，而应该建立在相互平等、相互尊重的基础上。

和孩子妈妈的沟通达成共识，我希望妈妈能改变教育孩子的方式，但效果如何我也不敢肯定。

随后，我在班级内召开了《沟通无极限》的主题班会，告诉孩子沟通的重要性及和不同的人沟通的方式方法，帮助孩子学会一些沟通的技巧，希望能对他们有所帮助。

孩子的妈妈是一个有心人，之后在和孩子的相处中改变了沟通方式，有些事情会通过写信的形式与孩子沟通，有的时候会通过网络与孩子沟通。但家长坚持认为有些事情即使孩子现在不理解也必须做，等孩子长大了就一定会理解的。"冰冻三尺非一日之寒"，本学期尽管我、孩子和家长都做了不小的努力，但孩子与家长的沟通上并没有取得很大的进展。

现在提出沟通方面困惑的家长很多，在解决此类问题时，我也觉得有些力不从心。我想家长们恐怕也需要一所家长学校来学习育儿经。现阶段似乎又给我们教师提出了新的挑战，教师不仅要培养自己的学生，同时还要帮助家长寻找适合自己孩子的教育方式。我想自己只有多了解育儿知识，才能够给予家长一些帮助。

（北京市海淀区翠微小学　闫金兰）

✦ 同行观点

【志斌】案例中的这位家长，在与孩子沟通时运用的是不正确的方式方法，她并不了解孩子在成长过程中不同心理阶段的特点，而是简单地采用了"家长权威制"的教育方法，不仅没有达到预期的效果，还让孩子产生了极强的逆反心理。

当我碰上这样的问题，也会像这位老师一样，先寻找学生和家长之间问题的症结所在，然后对症下药。从文章的叙述中不难看出，这位家长与孩子沟通的方式不合适，我会与家长交流孩子现在所处的心理阶段以及心理特点，使家长从中感悟到要尊重孩子的身心发展规律。基于小学生已经形成了自我意识以及较为强烈的自尊心，同时具有了初步的分析思辨能力，我会引导学生理解家长的良苦用心，让学生学会换个角度思考问题，理解父母"批评""教育"中所包含的关爱和善意，减少由于父母"言辞不妥"而引发的抵触情绪。

我还会建议家长和学生把各自的理由罗列出来，看谁可以驳倒谁。如果学生的理由很充足，那么家长不妨听取学生的意见。这样既可以加强学生与家长之间的沟通，也可以锻炼学生处理问题的能力，还能让学生感受到自己是被尊重的，有利于学生的身心健康发展。

【万霞】此篇案例让我感受到老师润物无声、细致入微的教育。她遇到问题能够静下心来换位思考，走近学生，走近家长，通过沟通发现问题背后的根源，通过活动为家长和学生搭建沟通的桥梁。

如果我遇到这样的问题，我也会从班主任的角度去帮助家长改变这种"非理性的爱"的行为，真正尊重自己的孩子，成为孩子成长之路的引路人。我还会请家长记录在抚养孩子成长中的感人故事，我则利用课余时间读给学生们听，让学生体会到父母的"爱之深"，同时请学生记录自己在成长中遇到的困惑，及时传递给家长，帮助家长随时调整自己的教育方法。此外，还可以发挥班级作用，组织一些诸如"和爸爸妈妈一起做游戏""给爸爸妈妈讲班级故事"等活动，帮助家长和孩子实现良好的沟通。

✦ 专业引领

　　这是一个多方沟通的案例，即家长与孩子、教师与学生、教师与家长之间的沟通问题。从案例中我了解到，闫老师是一个责任心强、富有爱心、做事耐心、观察细心的班主任。当她从学生的周记中了解到孩子与家长之间的矛盾冲突后，并不是坐视不管、置之不理，而是主动与家长和孩子进行了沟通，并深入了解家长情况，分析产生矛盾的四个原因：伤害自尊、不会倾听、缺乏理解、方式单一。之后根据四个原因提出了相应的建议：学会尊重、用心倾听、换位理解、方式多样。随后，用心的闫老师又召开了《沟通无极限》主题班会，告诉学生沟通的重要性以及与不同人沟通的方法，帮助孩子学会一些沟通的技巧，对全体学生进行了引导和教育。家长在班主任老师的建议下，沟通方法有所改进，取得了初步的效果。

　　整个过程中闫老师做得几乎无可挑剔，做了一个为师者应该做的事情。但为什么却收效甚微呢？在此，我们不妨共同反思一下我们的教育行为：

　　1.我们是否做到了"入心的教育"？为师者，首先教育的是学生，可当老师与孩子谈话后，表面上孩子理解了家长，而回到家中后的表现却迥然不同，说明我们还没有把话说到孩子的心坎上。试想，如果当时我们先放下身段，站在孩子的角度去理解他，拉近心与心之间的距离，然后再引导孩子换位去理解家长，放弃简单的说教，效果是否会好些呢？

　　2.我们是否做到了"浇水浇到根上"？作为班主任，当家长的教育方法出现错误或家长面对孩子感到束手无策时，我们应该了解家长此时最大的需求是什么——切实可行的"方法的指导"。我欣赏闫老师能够深入与家长沟通、分析原因的做法，能够透过现象帮助家长分析问题的本质。当家长坚持认为自己无效的做法正确时，如果我们能够再深入跟进一步：给予家长切实可行的方法与策略的指导，让家长真正了解"如何说孩子才会听，怎样听孩子才肯说"的可操作的沟通方法，其中不仅有"道"的层面的引领，更有"术"的引领（如：怎样做就是真正的尊重？倾听时的神态、动作等应该是什么样的？）以达到"让我的爱使孩子能懂"的效果，这样教师与家长的沟通才可能有效。

3. 我们的活动是否做到"润物无声"？众所周知，沟通可以是多元的，与其我们直接灌输给孩子一些沟通的方法或注意事项，让孩子在似懂非懂中不知如何行动，不如充分调动家长或家委会的力量，让家长们与孩子一起参与这项活动，把生活中真实的事例演一演、议一议，用心去体会、去感悟，更能够达到家校合作与学生自我教育"润物细无声"的教育效果。当然，班主任要事先在班内做好充分的调研、策划、约谈等方方面面的准备工作。我们坚信，水到渠成的活动比刻意、单调的说教更易于被学生接受。

4. 教师要注意在反思中不断前行。面对出现的问题，我们要提高反思能力，多问几个为什么，多想一些怎么办。且行且思，在不断发现问题的过程中去分析问题、解决问题，在实践中不断学习，并提出自己今后的努力方向，既要脚踏实地，更要仰望星空，做有思想的行动者。

沟通是一个永恒的话题，有效的沟通一定要建立在相互平等、相互尊重的基础上，如果沟通的双方或多方不做永不相交的平行线，能够尽可能地站到对方的角度和立场去思考，相信我们能够达到真正的"沟通无极限"。

# 家长为什么阳奉阴违

教育学首先是关系学。如果教师与家长之间彼此信任，家长往往会相信教师的判断和决定，并且积极支持班级工作，参与班级建设。如果家长不信任教师，就会细细检查教师所做的每一件事，好比一台高分辨率的显微镜。

教师在与学生交流时，即使是有助于学生成长的交流，也要考虑好如何跟学生说，才能让学生更容易接受。学生都是在各种各样的大道理的说教中长大的，得承认讲大道理的说教已经成为他们最讨厌的教育方式，甚至会对此产生严重的逆反心理，换一种沟通方式，往往更能打动学生的情感。下面的案例，希望在师生沟通和家校沟通方面能给予大家一些启发。

## ✦ 故事讲述

学生考完试的第二天，我请来了丁丁的家长，这是我接班两年以来第一次因为孩子出现问题请家长到校。因为丁丁近一段时间的表现实在令人担忧。课堂上懒懒散散，坐姿歪歪扭扭，不是做小动作就是走神发呆；课下却精力十足，能聚拢一群小朋友围着他弹橡皮、折纸飞机，游戏不断，"创意"不绝；我安排在他身边帮助约束他的同学总能被他"拉下水"，陪他玩陪他说，违反纪律的事是一件接一件……更让我心急的是，面对老师的批评他根本不往心里去，脸上一副伤心、自责的样子，满口自我批评自我保证，转眼就"涛声依旧"了……几次批评教育可以说是收效甚微。这样下去还了得，必须叫家长一起配合，严加管理，趁着寒假给他点压力，开学争取能有个好的开头。于是，我请来了丁丁的妈妈。

面对家长，我还是很有信心的。两年来的悉心工作，让我得到了家长的赞誉和认可，特别是一次次交流、一次次家校共育活动让我和家长联系紧密，沟通深入又顺利，彼此信任。丁丁的妈妈也不止一次说过特别感谢老师，会全力配合老师，绝对跟着老师的教育方针走。所以，一见面我就直截了当地把丁丁近期的一些不良表现描述给丁丁妈妈听，同时，我很坦率地表达了我的担忧：担忧丁丁失去自尊难以上进，担忧丁丁影响其他同学，担忧丁丁光说不练缺乏责任意识……丁丁妈妈的脸色由愕然到痛苦，眼泪止不住地往下流。她开始跟我说起她为这个孩子的付出：孩子从小有心脏方面和腿部的疾病，曾被医生断言活不过十五岁。为了给孩子治病，她放弃了月薪过万的工作，花掉了家里的积蓄；为了孩子能够优秀，她自己现在节衣缩食却最大限度地满足孩子……她甚至向我诉说自己负担多么地重，丈夫多么地不如人意。就这样，她边哭边说了一个上午，我一面安慰她，一面告诉她回去以后的教育措施。看着这个泪流不止的妈妈，我想多帮帮她。

让我万万没想到的是，一天之后，我陆续接到了班里其他家长的电话，他们吞吞吐吐地告诉我丁丁妈妈给很多人打了电话，调查老师说的事情是不是实情，有没有冤枉丁丁，因为丁丁说都是别人主动招他的。丁丁妈妈觉得老师把孩子说得很坏，而丁丁根本不是那样的孩子；觉得老师对丁丁有偏见，自己不知道怎么教育了……

啊？怎么会这样？！当着老师明明说得好好的，怎么转脸就变了样呢？此时的我听到这些转述，既气愤又泄气。我在期末工作那么繁忙的情况下还拿出一上午的时间和她沟通，听她倾诉，还不是为了孩子！我毫无保留地阐述自己的想法，还不是为了孩子！我提出的种种意见和建议，还不是为了孩子！怎么谈了一次话反而在我和丁丁妈妈之间结了个心结呢？我觉得自己的真诚被辜负了，自己的善意被曲解了，当老师怎么就那么难！

是呀，我是个老师！我的身份让我冷静下来，一个比自己心里憋屈更重要的问题出现在脑海里：丁丁怎么办？丁丁的问题实际存在，如果家长听了孩子的辩解之后质疑老师，想必丁丁也不会重视自身的问题；如果家长开始怀疑老师，今后就会对老师抱着不信任的态度，可能就会出现越来越多的误解；如果家长、老师之间沟通受阻，孩子就会觉得有机可乘，犯错可能会更多，最终影响孩子的成长。还有什么能比孩子的成长更重要呢？作为教师，把自己的感受放在一边，把自己的得失放在一边，理智地看待问题，科学地解决问题，这不仅是个人修养，更是一个教师应具备的职业道德。

接下来该怎么办呢？指望家长协助教育孩子是没希望了，这下我不仅要想办法解决丁丁的问题，还要想办法解开我和丁丁妈妈之间的心结。

细致地分析丁丁，他是个很聪明的孩子，他的问题在于自控能力弱，责任意识淡薄。期末时因为工作繁杂，对于他的问题我更多地是制止约束，批评指正，并没有真正触动他，他需要的是自我意识的改变。再想想丁丁妈妈和我之间的心结，决不能再靠语言来解决，不信任的裂缝出现，语言的交流就容易出现偏差，我需要她信任我……一个思路越来越清晰了。

学期结业式这天，学生放学后，我把丁丁留了下来。丁丁明亮的眼睛里透出复杂的眼神，有害怕、有不耐、有疑问……我拉着他走到窗边，找了两个靠近暖气片的座位坐下来。我笑着轻声对他说："我听了一个故事，想讲给你听。""噢。"五年级的孩子多少有些"听弦音知雅意"的本事，丁丁一副"知道你要教育我"的表情，答应得有些漫不经心。我故意不看他，开始娓娓道来。

在美丽的大森林里，住着一只美丽的孔雀公主，她是森林里最美的鸟。孔雀公主拖着一袭华丽的翎羽，长长的翎毛流光溢彩，因为每一支翎毛都有魔法。她保护着森林里的小动物不受侵害，每天飞上枝头尽情歌唱，在溪边尽情舞蹈。有一天，孔雀公主生了一个蛋，令人遗憾的是这个蛋上面有条又长又深的裂纹。其他鸟儿劝她说："放弃吧！放弃吧！你可以再有别的蛋的。"可是，孔雀公主把蛋紧紧抱在怀中，说："不！他是我的孩子，我不会放弃他，决不放弃他！"于是，孔雀公主不再唱歌也不再跳舞，她把全部的时间都用来照顾这个蛋。看着蛋上的裂缝一天天变大，孔雀公主心里难过极了，她转过头流下眼泪，这时，她看到了自己的翎羽，突然想到了办法。她要拔下一根有魔力的翎毛来救自己的孩子。可是，那些有魔力的翎羽深深扎在身体里，拔是拔不下来的。孔雀公主开始用嘴狠狠地啄自己的羽根，终于啄下了一支带着血肉的翎羽。她忍着痛用这支翎羽轻轻点这个蛋，当魔法注入蛋中，裂缝消失了……

这个故事是我精心构思的，我把丁丁妈妈的育儿经历完全融入其中，把她为丁丁的付出通过"啄掉自己身上的翎羽"这个描写形象地展示在丁丁面前，把她内心的痛苦"带着血肉"清晰地表现出来。我要用这些细节打动孩子，触及他的内心，引发他的情感。这个故事我讲得很慢，很深情。当我描述孔雀公主为了小孔雀的成长，一次次啄下翎羽的场面时，我用眼角的余光观察丁丁，他听得越来越认真，越来越动情。

有一天，森林里来了一群恶鸟，他们要抢占森林。孔雀公主想把它们赶出去，可是她发现自己已经没有翎羽了，她失去了自己的魔力。面对狞恶的敌人，孔雀公主多希望小孔雀能来帮她呀！可是，那只小孔雀太弱了，他连一点魔法都没有……

故事讲到这儿，我问丁丁："如果，你是那只小孔雀，你怎么办呢？"丁丁说："我要努力修炼魔法，保护妈妈。""那你说我为什么给你讲这个故事呢？""您想让我知道努力。"丁丁的表情有了变化。我直视着他说："更因为你的妈妈就是孔雀公主，她为了你用尽了魔法……"丁丁吃惊地看着我。于是，我给丁丁讲了他妈妈辞职，为他筹钱，以及现在的难处，听着听着丁丁哭了。我说："丁丁，你有世界上最好的妈妈，她什么都可以为你牺牲。可是，她现在岁数大了，身体也不好，很多时候她已经有心无力了。你是她的支柱，她也需要你给她魔法……老师多希望你能成为有担当、有责任心的孩子呀！你内心那么善良，为人那么热情，老师永远忘不了第一次走进咱们班，你和我一起做值日的情景。你为了班级累得满头大汗却毫无怨言，孩子，为了爱你的妈妈你可以再努力一回吗？"丁丁满脸泪水，破天荒没说什么话，只是流着泪点头。

我让丁丁回家了，告诉他，我和他妈妈都爱他，都会等待他修炼自己的"魔法"。

　　晚上，我收到了丁丁妈妈的短信："于老师，谢谢您。"我猜是丁丁有所表现，于是回复："为什么？""我晚上回家孩子已经把屋子打扫干净了，还要给我煮饺子。孩子说，您给他讲了个故事。他要改变，要成为能照顾我的人……"我没有过多地解释什么，只是回复："让我们共同努力，孩子会越来越好的。"放下手机，我笑了，想象着丁丁妈妈吃饺子的情景，我想她也会笑的。

　　反思整件事的过程，我很庆幸自己没有被情绪左右。面对丁丁妈妈的心结，首先，我思考她为什么会这样做。回忆自己所说的话，的确是事实，态度也很诚恳，可对于家长来说也许还是太直接了。孩子是一个家庭的中心，每个孩子的身上都承载了父母美好的希望，父母渴望通过孩子来实现自己的梦想。因此孩子的每一个行为都牵挂着父母的心。当丁丁的妈妈付出了那么多，工作、家庭生活又有诸多不如意时，她就更难接受孩子的问题，而我直言不讳的评价可能深深刺痛了她的内心。

　　其次，身为教师，我总习惯于从教育者的角度谈问题、给建议，总是直接地告诉家长该做什么或者不该做什么，而忽略了家长也是一个教育者，在孩子成长的过程中，家长也会有自己的教育体验、教育方法。也许家长的教育是有问题的，观察和分析更为主观，但也体现了家长的关注点和教育出发点。如果我能够站在家长的角度想问题，倾听他们的教育烦恼和忧虑，和他们产生情感共鸣，在理解的基础上展开沟通，那么我将获得更为真实的信息。

　　再次，面对老师时，家长也许和孩子一样敏感，和孩子沟通时，我习惯于考虑再三再说话，却忽略了家长也需要言语的鼓励。特别是在沟通孩子身上的问题时，老师更应该注意同时带给家长鼓励和希望。因为我一心想解决问题，所以过多地谈论了丁丁的表现，使得家长在心中把问题扩大化、严重化，然后反过来质疑老师。如果我换一种角度，谈谈以丁丁的能力可以成为什么样的孩子，但是他还需要什么样的努力，也许就给家长带来了希望和指导。当我认识到自己可以做得更好时，对家长的误解也就能坦然地面对了。

我很高兴自己采取了讲故事这一手段对丁丁开展教育。首先，丁丁是个聪明的孩子，妈妈过于细致琐碎的教育使得他非常熟悉寻常的教育语言，那些道理虽然头头是道，却根本不能打动他，而讲故事这个方法满足了他的好奇心。一对一的讲述、拉近的距离、温馨放松的环境都更易使他进入故事情境。而当他突然知道这个故事与自己的紧密联系时，他内心的震动可想而知。此时，老师对他的鼓励和认可都不再是套话、空话，他感受到了压力和动力。

其次，孩子是老师和家长之间的桥梁，是老师和家长共同努力的目标。当我把一个美丽的故事送给孩子时，当我把丁丁妈妈描绘成美丽的孔雀公主时，当我称赞丁丁妈妈母爱的伟大时，孩子无疑会把这份善意、这份美好传达给家长，无形中就会化解家长心中的误解，稳定她的情绪。

再次，当教育策略生效，使孩子有所转变时，也就突显了教师的专业素养，老师以实际行动证明了自己的专业能力，家长也就会从心中认可老师了。

这件事已经告一段落了，但我知道还有很多事需要做。如何帮助丁丁持续他的进步动力？怎样做才能给他更多锻炼的机会？和丁丁妈妈还要不要沟通？什么样的话题更易让她坦诚相待？……唉！想做个好老师真的很难！

（北京市海淀区万泉小学　于晓桓）

## ✦ 同行观点

【松瑜】于老师面对家长的不理解和"微词"，没有放弃对孩子的帮助和教育，用一个美丽的故事，架起了孩子、家长、老师相互理解的桥梁：丁丁从故事中感受到了妈妈过于细致琐碎的教育中蕴含的爱，体会了母爱的伟大，小故事滋润了母子情；孩子把老师讲的故事中蕴含的善意、爱心传达给家长，化解了家长对老师的误会，小故事滋润了家校情。于老师运用自己的教育智慧，很好地化解了老师和家长之间的这个小尴尬。

班主任都希望得到家长的配合和帮助，但却经常会碰到这样的情况：有些家长以"培养孩子的独立学习能力"为由，把孩子的教育责任全部推给学校，对孩子放任自流，不管不顾；有些家长认为自己的孩子很有个性，应该得到重视，只要没有得到足够重视时，就会对学校、老师的教育说三道四；也有些像案例中的这位家长一样，"阳奉阴违"，表里不一。面对这样的家长，我是这样做的：

1. 备好"见面课"

当我们需要家长配合时，一定要像上课前备课一样做好准备：家长来学校的时间、见面地点、跟家长说话的内容、通过交流需要达到的目的……这些都要充分考虑和准备。

2. 换位多夸赞

在与家长交流时，多站在家长的角度考虑问题。"如果我是家长，我需要老师什么样的帮助"，这样的思考就会让自己和家长有相同的站位。说话时不妨先说说孩子的优点，实际上，表扬孩子也就是在肯定自己和家长的工作。在良好沟通的前提下，恰当地指出孩子的问题，会让家长感觉到老师不是在告状，不是在推卸责任，而是为孩子好。

3. 真诚出主意

老师还可以从主观上多多剖析自己，把自己的困惑和家长交流，这样反而会让家长感到老师是真诚、可靠的，也会更加信任老师了，此时老师再真诚地帮助家长想办法，解决问题，家长会认为老师确实是在帮助自己和孩子，如果再不配合，于情于理都过意不去。

家长是学校教育的参与者，只要我们修炼了让家长信服的专业素养，就会建立真正的教育同盟军。

【高剑】看完这个小故事，我敬佩于老师的宽容、冷静与睿智。在得不到家长的理解后，于老师并不是满腹怨气，听之任之，而是换位思考，体谅孩子和家长的难处，对症下药，有的放矢地进行教育和引导，表现出了一名优秀教师的职业素养。于老师的教育策略不仅值得我们借鉴，更加证明了一个真理，那就是在与学生和家长沟通时让他们感受到老师的真心是化解一切的基础。理解、爱心是解决疑难杂症的良方，更是增进了解、拉近彼此距离的催化剂。与家长的误会解除后，我想还可以通过开展"讲述我和爸爸、妈妈爱的故事"的班级活动，让丁丁和班中更多学生在潜移默化中学习如何去爱自己、爱家人、爱身边关心自己的人，学会感恩，回报爱。

## ✦ 专业引领

一个上午的促膝长谈，转变为一场没有料想到的误会，之后又被教师精心编写和讲述的一个美丽故事巧妙解开，这个生动的案例在我心中勾勒出一位善良、智慧、有崇高职业精神的教师形象。

开始的沟通并不成功，问题出在哪里？于老师很理智、深刻地分析了原因：沟通过于直接；家长付出太多，所以一时接受不了；家长内心敏感。除此之外，笔者认为谈话的时机、沟通的技巧以及对家长与教师关系的认识不足也是比较重要的原因。谈话的时机选择在期末，这时本应是体验阶段成功和期望放松的时刻，老师这时候找家长，在家长看来有算总账的意思。此外，跟家长沟通也应该是循序渐进的，这样一下子把各种问题都抛给家长，她除了接受不了之外，更多的是不知所措。这时候家长希望得到的信息不是我的孩子哪里不好，而是怎样可以让我的孩子更好。

于老师后来也进行反思："如果我换一种角度，谈谈以丁丁的能力可以成为什么样的孩子，但是他还需要什么样的努力，也许就给家长带来了希望和指导。"我想家长需要的是具体、专业的指导，即哪些方法能够帮助家长教育孩子取得进步。更进一步地，这时候，如果老师能够从欣赏的角度出发，给孩子在假期里发挥他"创造性"优势的机会，要求他在假期里思考如何组织班级下学期的活动，分配下学期他在班级里要承担的任务等，相信这样沟通会是家长乐于见到的，也易于接受老师所提出的问题。当然，老师这么直截了当地找家长谈话，主要的原因在于原来"丁丁的妈妈也不止一次说过特别感谢老师，会全力配合老师，绝对跟着老师的教育方针走"。

这个案例提醒老师们，与家长沟通，不要只看表面。为了自己的孩子，每位家长都期望和老师搞好关系，所以没有什么特别的事，家长都会给老师留面子。作为老师，要清楚地认识到家长的这种有意见也不挂在脸上的心理，跟每一位家长沟通都应谨慎，思前想后，想办法使说出的问题能让家长接受，并信任老师提出的解决问题的办法。

　　这篇案例的后面部分越来越精彩，值得我们学习。

　　首先，在发生了误会和误解之后，于老师没有急于辩驳，也没有对孩子放任自流，而是继续想办法引导孩子进步，把握了教育的本质。她写道："作为教师，把自己的感受放在一边，把自己的得失放在一边，理智地看待问题，科学地解决问题，这不仅是个人修养，更是一个教师应具备的职业道德。"从中反映出于老师对教育和学生的挚爱、对自己教育信念的执著，以理性之光和教育智慧作为自己的心灵指引，而不是被情绪左右和困扰，于老师胸襟和气度着实让我们佩服。

　　其次，于老师是充满教育智慧的。在通过孩子入手寻求解决问题的办法时，于老师没有采用传统的说教，指导孩子该怎么办，而是通过孩子乐于接受的自编故事，触动孩子内心最柔软的部分，唤醒孩子自身的驱动力，激发学生寻找正确前行的方向。当孩子的心灵之门被打开时，所散发的能量会是持久的。

　　最后，于老师用相互配合支持的双赢思维，再一次赢得了家长的信任，促进了孩子的健康成长。有人说，世界上最真心希望孩子超过自己的，除了他的亲生父母之外，就是老师。老师盼望每个孩子都成才的心情与家长是一致的，作为教师，要把这种一致性放大。孔子有句名言，"二人同心，其利断金"，教师和家长形成教育合力后对学生的教育能量能够加倍，得到"1+1 > 2"的效果。

学生是需要家长和老师共同引导和教育的未成年人，无论哪一方行为偏激，受到伤害的最终都是学生，如果他认为家长和教师是敌对的，他就会感觉不安全，而爱和安全感是孩子健康人格的基石。于老师按照理解、支持、共赢的思路巧妙又成功地将教师、家长、学生三方面重新团结在一起。相信丁丁的妈妈不久会主动找到老师沟通，不会再成为于老师的烦恼。

## "道听途说"的连锁反应

学生在学校因为不小心、淘气等原因出现的意外伤害事故屡见不鲜，相信每个班主任都曾遇到过类似的事件。在伤害事故发生后，班主任要及时向现场的学生和老师了解学生出现伤害事故时的情况，也就是进行事故调查。在调查的过程中，有时会出现当事人推诿责任，现场的学生道听途说、人云亦云的现象，下面的案例就是因为班主任受学生"七嘴八舌"的干扰，没能正确认定事故责任人而引起连锁问题，家长之间互相扯皮，在这种情况下如何进行家校沟通？如何对学生进行教育？

### ✦ 故事讲述

"啪啪啪"，伴随着一阵脚步声，一个急促、慌乱的声音从楼道深处传来，"老师快来呀，佳佳的眼睛流血了！"这句话把正在教室里判作业的我惊得跳起来，我马上跑出教室，随着前来报信的孩子来到了操场上。此时的佳佳正被两个同学搀扶着站起来，脸上一道像泪水一样的血印从眼中流出，甚是吓人，四周围了很多孩子。

"怎么回事？"还没等她回答，边上围观的孩子七嘴八舌地争着说："老师，是小岐弄的！""老师，小岐绊的！"我的眼睛一下子盯住了正扶着佳佳的小岐，小岐也正用眼睛看着我，胆怯地说："老师……嗯……不是我。"我来不及继续追问，赶紧拿出卫生纸帮佳佳擦，还好眼睛没大碍，只是眼睑擦破了点皮，流了血，我稍微松了口气，刚想问清楚具体情况，可孩子却说："老师，我……我胳膊疼！"看着她痛苦的样子，我知道不好，肯定是胳膊受的伤更严重，弄不好骨折了，赶紧找车直奔医院。

在去医院的路上，看到孩子痛苦的样子，我心里着急，为了分散孩子注意力，也为了一会儿好跟家长交待，我问她当时的具体情况，她说是小岐绊的，我又追问是怎么绊的，她说是几个孩子玩捉迷藏，她跑去捉人，途中小岐伸出的腿绊到了她。后来经过医生拍片确诊，果然是骨折了。我怕家长看到孩子的状况担心，所以一直等到孩子打石膏了才给家长打电话。家长马上赶到医院，看到孩子既心疼又着急，"怎么回事？"佳佳说是玩捉迷藏时同学小岐绊的。我怕家长埋怨学校有责任，引起不必要的麻烦，赶快接过话说，孩子玩游戏不小心，谁也不是故意的，只是意外，赶上了。医生说没大碍，先治疗，有什么情况以后再说。还好，家长也比较通情达理，没有找麻烦。我想事情既然已经出了就要积极、尽快解决，更想把事情解决得圆满些，于是就给小岐的妈妈打了电话，简单说了一下情况，表达出对方家长也很通情达理，毕竟人家孩子受伤了，希望咱们从物质和精神上给予一些补偿和安慰。小岐妈妈也明白了我的意思，来接孩子放学时，带了一大堆好吃的，正赶上佳佳妈妈跟我来取书包，双方家长坐下来谈了谈，谈得不错，而且孩子也上了保险，不牵扯钱的问题，我以为这事就算解决了。

我送走双方家长后，没一会儿小歧妈妈又悄悄回来，对我说了一些话，我的头"嗡"地一下，感觉自己操之过急，可能带来了不必要的麻烦。小歧妈妈说刚才在校门口问了孩子，孩子说不是他绊的，是佳佳自己摔的，又问了几个别的孩子，他们也说不是，刚刚当着那孩子的父母没好意思说，希望我把事情弄清楚……小歧妈很诚恳，听她这么一说，我突然意识到，我根本就没有把事情问清楚，就主观地认为这事必定与小歧有关，因为小歧平常就是一个比较淘气的孩子，绊到佳佳很有可能。更糟糕的是，事情没查清楚，我就动员小歧妈妈花钱买了东西去向人家道歉……

回想整个事件，到底怎么回事，我一直都是在听不同的人说，到底说的人是看见的还是听说的，我根本没有去调查、去考证，只是片面地听别人说、听孩子自己说。本以为处理得妥当、圆满的事，难道出了岔子？回家后，小歧的妈妈又给我发了好几条短信，我安慰她，答应明天一早调查清楚一定给她答复。

我半宿没睡，第二天一早来到学校，就把昨天能想起来的那几个说是小歧的同学分别叫到办公室，问情况……结果可想而知，谁都没有亲眼看见，都是听别人说的，我"顺藤摸瓜"，追出说这话的源头——原来他们都是听佳佳本人说的。想到小歧妈妈曾提到朱静，我赶快向她了解情况，原来佳佳是被她前面的树坑绊倒的。听了她的描述，我们又到事发地看了一下，果真像她说的一样，看来我真的错了。"你当时为什么不说？"我生气地问朱静，孩子战战兢兢地说：

"当时……当时您没问我！"

　　回到班里，我让所有说是小岐的孩子站起来。结果一共34个人，除去两名当事人，有25个人站起来，而这些同学没有一个是亲眼看到的，都是听别人说，跟着别人说的。我给大家讲了事情的严重性，大家也很后悔，并向小岐表示了歉意，也得到了他的原谅。处理完后，我马上拨通了小岐妈妈的电话，向她说明了情况，并对自己的工作不到位，表示了歉意。同时我向她保证一定告知对方家长。

　　我挂了电话，马上拨通了佳佳父亲的电话，简单慰问了一下，就把早上的事情说了一遍，谁知对方一听就急了，说什么我们推卸责任，怕承担后果，本来没想怎样现在要讨个说法，难道怀疑孩子说谎、冤枉别人……"砰！"电话被挂断了！我的心更不安了，事情不但没解决，反而越弄越糟，我懊悔自己怎么那么不冷静，弄巧成拙，试想家长就算再通情达理，毕竟孩子受了伤现在正在痛苦之中，我一大清早就算后账，放谁身上不生气才怪。于是，我骑上自行车并去超市买了些营养品直奔佳佳家，就刚才的电话解释了半天，她妈妈也和我聊了很多。

　　以我平常的观察，我觉得佳佳可能是怕担责任。曾经几次考试签字，都是在她妈妈不知道的情况下自己签的；还有几次和同学发生矛盾，把自己"摘"得很"干净"，都赖别人，与自己无关似的……难道这次也是这样？我没敢把自己的想法告诉家长，更没有再说什么。我感觉到佳佳是个心重的孩子，成熟得较早，想法比别人多。其实，每个人心中或多或少都有那么点自私，都怕担责任，就像我处理事情的想法一样，更何况是这么小的孩子？我并不能过高地要求她什么。但事情已然这样，说什么也没用，出了事不是找谁的责任，首先要解决问题，平息矛盾。

下午回去后，孩子们听了我的叙述都很同情，想去看看佳佳，我一想也对，正好是一次爱心教育，于是就组织全班下午去她家。同学们画了画，买了吃的，写了祝福……我能感觉到佳佳的感动。临走时，我轻轻地在她耳边说了一句话："把心放轻松，别给自己太大负担！"再后来的日子里，我只打电话慰问孩子的情况，责任的事没再提。三周后，孩子顺利地参加了考试。

我的反思：

事情就这样过去了，但我一直在为自己办事不冷静而懊恼。作为班主任，特别是低年级的班主任，应该明白孩子的个性，他们有很强的从众心理，道听途说的事，从他们嘴里说出来的就跟亲眼看见的一样，作为老师一定不能失去自己的判断力，一定要用事实说话，不能用主观的想法去评判任何一个人、一件事。操之过急更不是处理事情之道，做事力求完美并没有错，但遇事一定要冷静，学会思考，要在调查事实的基础上化解矛盾。

俗话说："三思而后行。"班主任在处理各种大事小事上就更应记住这句话，特别是与家长的沟通，一定要互相信任，和谐处理矛盾，更应站在对方角度，周全考虑整个事情，想尽办法解决问题，千万不能激化矛盾使之升级，给班级、学校乃至社会带来不必要的麻烦，生出更多不必要的事端。出事并不可怕，关键看如何去解决，使之尽可能完满。有时我也在想，如果那天早上我不给佳佳父亲打那个电话，而是由我分别给双方家长一个说法，这"善意的谎言"所带来的结果会不会更好？

总之，事情还是在我的努力以及双方家长的理解、支持下解决了，没有向更麻烦的事态发展。我在反思自己的处理方式时，也在思考一个问题，不，应该说是担心一个问题：像这样为了减少自己的过错而推卸责任甚至说谎的孩子，永远背着包袱生活，他们会有朋友吗？长大以后又怎么办？我们老师又该怎么更好地教育他们呢？

（北京市海淀区肖家河小学　高冲）

## ✦ 同行观点

【松瑜】道听途说的传言造成了老师和小岐、佳佳父亲和小岐的妈妈之间的诸多误会。其实同学之间、老师和同学之间、老师和家长之间在交往时，难免会产生这样或那样的小摩擦、小碰撞，面对这些矛盾，如何正确处理呢？我就自己工作实践谈几点解决同学之间矛盾的常用方法：

1. 查清原因

了解是公正客观解决问题的前提，现在的小学生见多识广，犯了错误，轻易不会认错，除非你拿出强有力的证据。为此，老师只有深入实际了解情况，才能有分寸地对症下药，解决好矛盾。

2. 认真倾听

学生之间发生矛盾后，老师应耐心听完双方的辩解，认真对待，这会增加学生对老师的信赖。因为在成人看来是鸡毛蒜皮的小事，但在学生的心目中却是大事，学生往往把向老师告状当作解决问题的重要方式。因此，老师如果认真听了学生的倾诉，学生就会产生对老师的信赖，矛盾也就解决了一半。

### 3. 把握方法

学生发生矛盾，双方都有责任，老师把双方找在一起，让他们先说说自己做错的地方，再说说对方错在哪里，错了及时向对方道歉。当对方做自我批评时，相信另一方的气也就消得差不多了。借此机会，老师还可以进一步引导双方明白搞好团结的重要性。另外，对个别学生批评教育、鼓励相互谦让也是处理学生之间矛盾的好方法。

### 4. 真诚积极

其实，在校学生发生意外伤害事故，不管是大是小，不管学校是否有责任，学校都应该关心事故和当事人，对受害方表示同情和慰问，对受害学生家长做好耐心细致的解释和劝导工作，这也是我们学校和教师应尽的义务和职责，是顺利平和地处理事故的良好的基础。

【高剑】在解决这次意外伤害的过程中，高老师的应对策略有细致之处，但更多的是隐患，如果处理不好，家长、学校和老师三方之间很容易留下更多后续扯皮的事件。

在我看来，校园内不管是人为的伤害，还是无意的磕碰，处理意外伤害事件时，及时上报、冷静处理、及时就医、关心安慰、调查解决、后续教育是必不可少的。

如果我是高老师，在突发事件来临时，我会马上联系学校相关负责领导和校医，上报事件，寻求专业帮助，第一时间带学生到医院进行就诊，并立即联系其他任课教师负责安顿班级的学生，将意外伤害带来的负面影响降到最低。

在赶往医院的路上，我要利用最短的时间询问受伤学生佳佳发生事故时的详细情况，及时掌握第一手资料。然后打电话通知佳佳的家长，说明事情的原因及孩子目前受伤的情况，征求家长的意见，确定是去离学校最近的医院就诊，还是去家长选定的医院就诊。

在医院，如果见到佳佳的家长，不能慌张，要让家长感受到老师的关心和体贴。与家长交谈时，不主观臆断，不被学生人云亦云的话语所左右，不说一些将责任归于小歧之类不负责任的话，而是真诚地与家长沟通，表明态度："您看，今天的事情实在意外，出现这样的意外我们谁都不愿意，但是我们今天的首要任务是先把佳佳的伤势处理好，至于后续的处理，我回到学校马上进行再次的调查和仔细核实，一定把事情调查清楚，您先平静，请相信我，我一定会把问题解决好的。"

就诊完后，让佳佳及其家长感受到学校和老师对事件的重视、对孩子的关心。不责怪、不埋怨，在全班同学的共同努力下，调查事情原委，既还小歧一个公道，又从受害者的角度让每一个学生懂得关爱和互助，通过血的教训对更多学生进行教育、引导和帮助。用爱化解矛盾，用真诚温暖人心。

## ✦ 专业引领

这个案例是校园突发伤害（安全）事件的处理，也是学生在校园内学习和生活最为常见的案例。整个事件中，教师肯放下身段承认失误、承担责任，为培养孩子们的责任心树立了榜样；教师能够在冷静过后进行反思，换位思考，理解双方家长及孩子的感受，是一位优秀班主任的表现，也是最终能够顺利解决问题的重要因素；事件过后采取及时的补救措施，也从心理和情感上给受伤的孩子予以安慰，同时也对其他学生进行了相应的教育。

在类似案例中，我们要注意从三个方面思考：

### 1. 学生的引导教育

安全教育是学校永恒的教育主题。学生是活生生的人,在与同伴一起活动乃至游戏的过程中难免会出现类似的事故,而此类事故重在预防,即日常的要求和教育要到位。作为班主任,我们应在平时的工作中做得更加细致公正,从而避免诸如"给小岐贴标签"、不加判断的道听途说、人云亦云等事件的发生。贴标签实际上是一种心理暗示,良性的心理暗示会激励学生不断进步,而不良的心理暗示则会使学生的自信心毁于一旦,正能量无法传递。幸好高老师后来的补救及时,避免了不良后果的发生。"道听途说"顾名思义是在路上听来的、路上传播的话,泛指没根据的传闻。孩子们如果习惯于此种传闻,势必会产生很强的从众心理。因此,班主任要注意引导学生树立正确判断事物的能力。在日常的引导和教育中,教师要公平公正地对待每一个学生,在班级中形成正确的舆论导向,从小培养学生"遇事沉着不慌张、实事求是不夸张、专人汇报不从众"的处理事情的方法,经过长期的训练,学生自然会形成良好的习惯。

### 2. 家长的沟通协调

作为班主任,遇到此类事件时与家长的沟通便显得尤为重要(要特别注意技巧)。与家长的沟通不是在事发后才开始的,应该立足平日。只有教师平日与家长沟通顺畅、获得家长的尊敬和信任,即使真的发生了问题,家长从情感上也会体谅老师、尊重老师,不给老师添麻烦,尽量采取宽容之心平和对待。正可谓"不积跬步,无以至千里;不积小流,无以成江海。"教师在日常的工作中多表扬孩子的优点,客观公正地指出孩子的不足,让家长准确地了解自己的孩子在校的真实表现,做到防患于未然,避免家长因不了解而产生误解。从本案例中我们能够感受到高老师对佳佳日常行为的了解，也能感受到高老师与家长的关系很融洽，即便是后来家长出现异议时，高老师也能及时反思自己，诚恳地道歉，这都表现出高老师良好的职业素养。

3. 教师的处理方式

在处理类似的事件时，教师的处理是否及时、恰当是处理好此类事件的关键。此案例中高老师发现事情的严重性以后送医非常及时，与家长初步沟通时家长也比较配合，加之学校提前入有保险，避免了一些最为棘手的经济纠纷。在案例中，我们也看出高老师是一个善于反思的老师，并采取相应的方式予以补救。

在处理类似事件时，我们每一位老师都要注意以下几点：

（1）沉着冷静，处变不惊。当发生安全事故或突发事件时，班主任首先要稳住阵脚，及时、冷静地采取救助措施，让家长感受到教师及学校对孩子的关爱，从心理上不产生抵触情绪。

（2）及时调查，了解情况。在送医的同时或之后，第一时间向当事人（如班主任不能亲自询问，一定要请其他老师代为调查，返回学校后再做细致了解）及目击者了解现场情况，掌握第一手材料，并让当事人和目击者写出书面材料并签字，以便及时、准确地向家长说明情况。此案例中的高老师就是忽视了这甚为关键的一点而妄下结论，造成了不愉快的后果。学生道听途说，擅自判断，我们的老师何尝不是犯了同样的错误呢？

（3）联系家长，沟通协调。从情感上要安慰家长，从道理上要讲明真相，做到有理、有礼、有节。教师要站在公正的立场上说明情况，且沟通过程要有所记录，尽量不留"后遗症"，"善意的谎言"不可取。

（4）恰当慰问，及时补课。事发后，班主任要代表学校对孩子进行慰问（这一点高老师做得不错），并保留相应票据，从情感上尽到责任。如学生因此耽误了学习，班主任要随时联系，选择恰当的时间给孩子补课，从情理上尽到职责。

对于突发事件的处理，还有两个方面很重要：一是管理经验要丰富。这需要有一定的工作时间和经历的积淀（如时间和经历少也可以通过读书学习来弥补），积累的经验教训多了，在实践中学习、成长的速度也就快了，处理突发事件也就不会手忙脚乱了。二是思维方式要科学。同一件事情，用不同的方式思考和处理就会产生不同的效果。

教育是爱与责任的结合，更是沟通艺术的体现。因此，教师要不断加强学习，在实践中锻炼，在反思中前行，在感悟中成长！

## 面对"无理也要搅三分"的家长

有效的学校教育需要学校教育与家庭教育相互融通，但是，随着社会的发展，家长队伍也在发展变化，家长的主体意识逐渐增强，班主任工作在获得通情达理的家长的支持的同时，也不可避免地遇到一些难以沟通的家长，例如下面案例中的"护犊子型"家长，班主任如何做好这类家长的工作，使他们逐渐成为教育的同盟军？

✦ 故事讲述

在学校里，班主任因为工作的需要，不可避免地经常接触到各类的家长。有的家长态度谦和、通情达理，使教师倍受感动，工作起来更有劲；有的家长蛮横无理，容易冲动，让教师陷入尴尬。教师与这种不讲理的家长之间难免会发生"碰撞"，有时这种"碰撞"出人意料，令人防不胜防。一旦处理不当，或令教师与家长之间矛盾激化，或令老师威信降低，极大地影响教师与家长及学生间和谐关系的建立。

我的学生王某，他不会和同学交往，而且报复心理极强，回家跟妈妈总说是别人欺负他，在他眼里，同学和老师对他都不好，所以人际关系极差。王某是单亲家庭，一直以来是妈妈带着孩子生活，孩子从未见过父亲。为了不受欺负，她让孩子学习跆拳道。孩子回家告状，她也会问孩子缘由，然后到校找老师，不是沟通商量怎样帮助孩子解决问题，而是给孩子出气来了，不管怎样跟她解释，她就认定一点：我家孩子没有错，错就在别人身上。久而久之，不但孩子的问题没有解决，反而变本加厉，越来越不好教育。

一次，一位同学赵某带来相机拍照，王某看见别人都能借赵某的照相机拍，因此他也来借，可是赵某没有借给他，而是只顾自己拍，于是王某心里老大不痛快。可能是赵某在拍摄过程中朝王某的方向拍了两张，王某立刻发怒了，抢过相机就摔了。后来我找王某了解情况，得知他就是因为赵某不借给他照相机，于是他生气就摔了相机。很明显，错误在王某。经过我的耐心交流和引导，孩子知道了自己的问题，并且答应赔一个新照相机，我表扬了他的敢作敢当，并且告诉他下次一定要三思而后行。于是就让两个人把自己打架的经过写下来，包括怎么想的，怎么说的，怎么做的。写完后我看了，两个人把情况都写得很清楚，我想找家长沟通应该没有问题。

王某家长来到学校后，我把情况简单说明了一下，并拿出他写的事情经过让家长看，看完后，她说要问问孩子。很显然她并不相信老师的话。孩子一进办公室看到妈妈来了，先是一惊，然后立刻变了一个人，避重就轻地把事情描述了一下，妈妈听后不是批评孩子做错的地方，而是反咬一口："赵某要不是对我家孩子拍照，我家孩子怎么会摔他相机？"我真没有想到王某妈妈会这样护着孩子，不分青红皂白。我想如果能够找到当时在场的几个孩子，事情不就可以解决了吗？可没想到几个男孩、女孩说出事情后，这位家长竟然当着孩子的面说这是老师有意安排的，就是想对付他家孩子。

我当时很生气，心想如果让孩子看到这位家长的表现，一方面让王某没面子，另一方面也使我今后我没法教育孩子了。于是，我让所有的孩子先离开办公室。压住心中的气愤对王某妈妈说："你能说出这种话，我真没有想到，说明你根本不了解你的孩子，你没有孩子的觉悟高。首先，孩子通过这件事情知道不能因为自己不高兴就破坏别人的东西，同时孩子已经知道错了，答应主动赔一个新相机给人家，可是您却是怎样做的？当着孩子的面说了不负责任的话，明明知道孩子做得不对，不是正面对待而是选择逃避，这样怎能教育孩子？"听完我的话，刚才还不依不饶的她竟然安静了。

我看她慢慢消气了，又对她说："您刚才的那种心情我完全理解，当父母的，自己怎么训斥孩子也觉得没有什么，但别人哪怕稍微说一说就觉得受不了。其实，您刚才那样做并没有为孩子出了气，反而让孩子很没面子。我觉得您在为孩子出气的时候还不如教给孩子处理事情的办法或者是怎样与同学友好相处，这样对他未来非常有帮助。"他妈妈冷静下来后也非常后悔，表示以后遇到事情一定理智处理。

王某妈妈走后，我仔细回想了一下刚才的事情，这个家长之所以刚才的行为过于冲动，一方面可能由于她认为别的孩子侵犯到自己的孩子，还有一部分原因在于家长认为老师对她的孩子关心不够，认为自己的孩子处于弱势。其实只要让家长感到教师重视并关心自己的孩子，家长自然乐于与教师接近，那么我们就可以进行有效的沟通。

教师与家长的沟通需要艺术，尤其是和这种护着孩子的家长沟通更需要艺术。教师要了解家长的心态，用事实来教育家长，并和家长一起理清事情的前因后果，帮助家长消除误会，让家长知道孩子在学校生活得很安全，很快乐。最后再恳切地提出建议，让家长遇到事情时相信老师，相信学校，不要自己解决。如果家长理解了，也就达到了沟通的目的。

（中国人民大学附属中学实验小学　黄育红）

## ✦ 同行观点

【全红】读了此案例，我觉得黄老师是一位教育经验丰富的老师。在和家长沟通之前，做好了充分的准备工作，把事情调查清楚，并且让学生写成书面材料。面对"护犊子"单亲家长的"无理搅三分"，能够晓之以理、动之以情，进行沟通，最终使得家长改变态度。

这个案例给我更多的启示是思考单亲家庭孩子的教育问题。家庭的不完整、家长的教育观念以及社会对单亲家庭的看法都会给单亲孩子的成长带来一些影响，如何使这些单亲孩子健康地成长是我们应该关注的问题。我认为王某妈妈之所以"反咬一口"，可能是作为单亲家长，内心比较敏感脆弱，担心孩子在学校受到欺侮。如果我面对这件事，我也会先把事情了解清楚，做好孩子的教育工作，然后再和家长进行沟通。

在沟通的时候，我会多站在家长的角度，和家长对话，先肯定孩子犯错后的表现，夸孩子懂事明理，敢于承担错误，是一个负责任的孩子。然后也指出孩子存在的问题，希望家长配合一起帮助孩子转变。当家长看到老师是在真诚地关心孩子、帮助孩子时，她不仅会配合老师，还会感谢老师。在平时的教学中，我也会多关心王某，引导同学多帮助王某，让他体验到老师和同学对他的爱。同时，也不定期和王某妈妈进行联系，多反馈一些王某的表现，一起沟通教育方法，帮助孩子成长。

【丽云】黄老师的做法有两点我很赞同：一是在与家长沟通时，顾及家长的面子，与家长单独沟通。二是在分析原因时认为，如果让家长感到教师重视并关心自己的孩子，就能够自然地与教师接近，进行有效的沟通。

如果是我遇上这类事，我会进行深度的家访，走进孩子的家庭，深入了解孩子成长的环境，与家长坦诚交流，将自己对孩子的客观分析告诉家长，以真诚、温和的态度消除家长心中的误会。同时我会建立正向行为的奖励机制，对于王某行为及时进行正向强化，用更多的正向行为将孩子的不良行为纠正过来，并及时把孩子的表现反馈给家长，让家长看到孩子的变化，从而让家长对学校、教师以及学生的误解慢慢消解，对教师产生信任。另外我会给王某安排一个能给他传递正能量的同伴，陪伴王某共同成长。

## ✦ 专业引领

读了黄老师这篇案例，想起教育家苏霍姆林斯基的名言："没有家庭教育的学校教育和没有学校教育的家庭教育，都不可能完成培养人这样一个极其细微而复杂的任务。"可以说，教师和家长分别作为学校教育和家庭教育的执行者一起合作而形成了一个教育团队。在这个团队中，教育的对象是相同的，在教育目标上是一致的，即促进孩子各方面健康、和谐地发展。但是由于教师和家长背景不同，看待孩子时处于不同角色，视角不同，因而就会产生各方面的问题，甚至不能合作。要解决这些问题，沟通就成了至关重要的一点，因为没有沟通，就不能达成共识，没有共识就不能协调一致。我们看到，黄老师在这件突发事件中，用理智、理解和智慧有效沟通，比较成功地处理了问题。

在班级出现"摔相机"事件后，黄老师没有一味批评孩子，而是耐心让学生明白自己的错误，并从处理问题的过程中寻找学生的闪光点"敢作敢当"，还让两位当事人写下事情的过程，进行反思。从中我们可出看出黄老师教育经验非常丰富，处理学生问题游刃有余，充满了教育智慧，并对有问题的孩子一样爱护有加。

但当孩子的母亲出现，原本简单的问题一下子变得复杂起来。这位家长不相信老师，要找孩子问问情况，也不相信其他同学，认为他们都是要对付她的孩子。当人与人之间没有信任，有效沟通就无从谈起，更难以建立共识。关键时刻，黄老师用理智和智慧化解了问题，帮助家长用理性战胜了情感冲动。为什么家长能够在这时转变态度呢？黄老师做到了以下三点，触动了这位家长的心弦。

首先，在这位家长的内心深处，并不是不清楚自己孩子所犯的错误，但是母亲特别是单亲母亲对孩子的保护欲使她不能接受别人对孩子的指责，当着这么多同学，希望给自己孩子找回面子，以此保护孩子。她当时的情绪是很不冷静的，这在心理学上叫做"情绪判断优先"，人们在判断事物时往往受到情绪左右，在理智之外增加情感影响从而改变态度。老师及时让其他学生离开，给她和孩子都留足了面子，让她有时间处理自己的情绪，理清思路。

其次，黄老师表扬了孩子的优点，表达了教师对孩子的欣赏，这是家长所期望的，这使她体会到教师不是要"对付"自己的孩子，这样她的心一下子就被征服了。

最后，黄老师从理解家长的角度谈问题，让家长感到自己的做法和想法有一部分是被老师理解和认同的，在她心中也就拉近了和老师的距离，愿意接受和相信老师。以上这些做法，使家长的情绪趋于平和，处理好了情绪，理智也就回到了她身上，从而使事情得以解决。

这件事只是教育中的一个片段，要避免类似的事情发生，教师在平时可以多下一些功夫。

每位家长都希望自己的孩子得到老师的认可和欣赏，越是问题学生的家长，越看重老师对学生的态度。所以老师要在平时让家长体会到你对学生的爱和欣赏，要让问题学生家长看到老师对孩子没有成见。平时可以与问题学生家长多联系和沟通，可以是放学时一两句具体的表扬语言，例如："这几天作业写得比以前工整。""今天的××课上得很好，还发了好几次言。""这段时间很会和同学处理关系，能很好地控制自己的情绪。"……也可以是因为某件事打特别电话报喜，交谈时要不吝惜表扬，不能只在孩子出问题时才找家长。

《优秀是教出来的》中作者罗恩·克拉克介绍了与家长相处技巧

中的案例，他第一次给家长打电话直接说孩子不好，结果碰了一鼻子灰，后来改为先说假话表扬孩子，再告状，这样就起到了作用。俗话说"望子成龙，望女成凤"，哪个家长不喜欢听到自己孩子进步的消息呢，如果你把喜讯带给家长，下次他就希望你多跟他联系，愿意听老师的建议，这也可以用人际关系中的一致吸引律来解释，即如果交往双方或多方有某种一致性，并都能意识到这一点，则容易相互吸引，产生亲密感，教育中家长最希望的一致就是老师看到孩子的优点、喜欢自己的孩子，这是教师和家长建立信任和共识的捷径。同时，当老师把孩子的优点、进步和期望通过家长转达给孩子时，孩子会潜移默化受到感染，就会像罗森塔尔效应中参与实验的学生那样充满自信，取得喜人的进步，这也是教师与家长有效沟通的最终目的。

另外，根据二八定律，每个班级总会有 20% 左右的学生占用老师 80% 的精力。老师们处理这些学生的问题就是家常便饭，长久下去，难免会带有一定的情绪。但是，当处理问题需要家长参与时，教师不仅需要控制自己的情绪，还要先安抚家长的情绪。可以给家长特意搬来椅子，倒上一杯热茶，甚至聊两句家常，通过各种方式让家长情绪平和，再通过沟通让家长体会到老师不是要兴师问罪，而是要帮助孩子解决问题，当教师和家长的情绪都处于冷静、理智的状态时，问题才可能有效、圆满地解决。

总之，在教育学生的过程中，家长是不可忽视的关键。老师要学习沟通的艺术，建立与家长的相互信任，这样才能共同为达成教育目的而努力。

# 将体验活动引入家长会

现在家长和老师之间所产生的矛盾，有的是因为我们没有从家长的实际出发，一味地从老师的角度要求家长来配合；有的是因为老师将家长视为教育对象，而非教育伙伴，使家长感觉不平等，没被尊重。因此，教师必须树立站位意识，学会理解家长。要站在家长的立场想问题，不指责，不教训，而是春风化雨般地将自己的教育意图、教育理念传递给家长。在下面的案例中，何老师将手机短信作为沟通的"彩虹桥"，以心理体验的方式，给我们开启了一扇有效沟通的大门。

## ✦ 故事讲述

"老师，这盒月饼送给您，我们家好多呢，都快过期了，吃不了了，送您一盒！"孩子大方地说。

"老师，今天是教师节，我本想在校门口也给您买一束花，可是我没买，您知道为什么吗？因为啊，我一问5块钱一枝呢，太贵了，卖花的人真黑，真宰人。"孩子自豪地说。

在这里我用到了"大方""自豪"等词，的确从他们的言行中感觉就是这样的，他们是真实的，也许这样的语言只有和他们朝夕相处的老师才能体会出他们的那份爱，那份惦念，但是当他们真的走出去，走向社会，这样说话还有谁会说这是一种爱、一种惦念？

现在的社会竞争如此激烈，孩子们需要的不仅仅是知识，更重要的是综合素质。适度的言行、得体的举止、优雅的风度，这些都是走进他人心灵的通行证。

作为老师，我有责任把这一情况告知家长，更有责任提醒家长，使他们感受到育人的重要性，一同帮助我们的孩子提高素养。

于是，我决定利用家长会的良好契机，让家长亲身感受一下不当的言语对人产生的不良影响。

家长会当天的中午12点，我利用平台给家长发了一条短信，又预设了一条短信在下午4点发出。

第一条短信：

> 今天下午2点家长会，准时到会，不要早也不要晚，进入教室不要瞎坐，手机处于无声状态，认真听会，不许讲话。

中午1点半，家长会前，我给每位家长倒了一杯冰红茶。下午4点家长会时，家长们在会场收到了预设的短信。

第二条短信：

> 家长您好：今天下午2点家长会，请您准时到会，坐在孩子通知您的位置上，感谢配合。

这个时候恰好轮到我发言了，"各位家长您好，请大家看一下我的短信吧，中午那条也是我发的！请大家说一说感受。"

"何老师，中午那条我以为是我儿子替您发的呢，我还想一定是何老师太忙了，让他帮忙发条短信，看看他发的什么啊！何老师要是知道了一定会很生气。"

"我也很纳闷，今天为了送琴，给您打了几个电话麻烦您，我还以为您不高兴了呢！"

"我跟您说实话吧，我今天中午怕车没地方停，12点就到了，看了您的短信后就没敢进班，一直在车里坐到1点50分。"

"是啊，我也是，原来开家长会我总爱早到校，看看班里的展板，和同学、老师聊聊天，今天收到短信我检讨了半天，以前早到校老师会多不高兴啊！"

……

"第一条短信的确是太没礼貌了，我给大家道歉（深鞠一躬），并请大家把杯中的红茶喝了，就算我给大家赔个不是。"

此时家长们边喝着茶边不解地看着我。

"各位家长，冰红茶喝过后，您是否还记得这条短信？我知道大家都不会忘记，虽然只有短短的几句话，产生的影响是不小的。说说我的想法吧！每一次看到孩子和您发给我的短信，或是每一次听到您和孩子跟我的交流，我都会有不同的感受：'这个孩子说话真有礼貌！''这个孩子的做法让人感觉很舒服。''听这个家长说话就知道他很有素质！'我每天面对的是54个孩子和他们的家长，在与大家交往的过程中，我就会有比较，在比较中、生活实践中我就会发现：会交往的人得到的是他人的喜爱、帮助，甚至提携，为此他们身心健康，学业进步，事业蓬勃发展；但是也有一些人因为不得体的言行，影响到自身，得罪了朋友、师长，乃至上司，影响了一生的生活和学习。我想，礼貌待人、言行得体会得到身边人的尊重和信任。我们的孩子很需要这方面的培养，为了让家长更深地体会到这一点，我编辑了一条'张口就来'的短信，目的是让家长看后感觉短信的言词怎么看都有些别扭，让您心生不舒服的感觉，然后我道歉、鞠躬，再用冰红茶来弥补这条短信给您带来的不舒服。但是大家感受到了，不论我怎样补救，您也不会忘记那条短信的内容。这次小小的体验，我的用心是想让家长明白：我们要把孩子教育成什么样的人？我们家长、老师有了这方面的深刻体验，才知道如何教育我们的孩子，使得他们有更好的素养、更得体的言行、更受人欢迎，今后的路走得更顺畅。所以我安排了这样一次心理体验，希望大家理解。"

大家沉默了，陷入了思考。现在的家长更多地是关注孩子们的学习，奥数班、英语班……休息时上，放了学上，上完这科上那科，孩子们只有上课的工夫，哪儿还有什么"修炼身心"的工夫啊，孩子们基本素养的缺失，精神世界的贫乏，又有多少家长能意识到呢？

这次家长会后之后，孩子和家长们都有了深刻的感触，在网站上我看到了这样的帖子：

醒辰的家长：孩子转到三小以来，咱们7班的每一次家长会都让我感觉很有新意。何老师精心布置，充分发挥了孩子们的积极性，锻炼了孩子们的表达能力、组织能力，才艺表演、口语交际的展示让我们家长看到了孩子出色的另一面。特别是两条短信的心理体验和何老师发自肺腑的话，真是给我们现在只注重智商而忽略了孩子情商的家长们提了个醒，也留下了无限的思考。我们不能把孩子变成学习的机器，要培养孩子多方面的素养。"一个有智慧的人，就是一个言行进退有度的人，在刚柔张弛之间透出一种智慧感。只有这样的人，在成功的路上才会走得顺风顺水。"何老师的这句话值得我们反复思索。

赵楚翘的家长：那天接到老师发的第一条短信，我很诧异也很不解，何老师一向是个说话得体的人，为什么发出的短信那么生硬？我就认为可能是学生发的，后来才知道是老师精心设计的一条短信，就是让大家深刻感受到尊重、友善、得体、委婉的语言表达是多么重要。其实，交际不仅是表达，还有眼神、手势等肢体语言的帮助，交际能力真的很重要，是展示一个人良好素质的综合表现方式。

孩子们、家长们的帖子让我感动，我用心设计的心理体验活动，收到了良好的效果。家长们意识到了我这个班主任是用心的，是关注孩子的，是在真正地育人，是值得信赖的。同时也让家长们意识到了：如果只关注孩子的眼前，影响的将是孩子的未来。

（北京市海淀区中关村第三小学　何凤平）

## ✦ 同行观点

【全红】读了案例之后，我认为何老师是一位讲究教育艺术的老师，她能够从全面育人的角度去关注学生的发展，令人赞赏。她利用家长会的契机，通过两条语言态度完全不同的短信唤醒了家长对孩子礼仪教育、交际能力的重视，而不仅仅只关注孩子知识方面的培养，帮助家长反省了自己教育孩子的问题，促进家长进行调整和改进。

作为一名班主任，我认为体验的教育方式比单纯的说教更加让人体会深刻。如果我发现了班里的学生也存在何老师的学生所出现的问题，我想我会把这种体验式教育用在学生身上，通过班会创设几种不同的生活情境，让学生切身感受到不同的语言和行为方式会收到不同的效果，从而甄别出什么样的语言和行为是受人欢迎的，什么样的语言和行为会给别人带去不良的感受，进而反思自我，完善自我，提升待人接物、为人处世的综合素质。我还会开展"夸夸我自己""夸夸我身边的榜样"活动，以展示性评价引导和激励学生向上向善。

【丽云】何老师是个睿智的人，她敏锐地发现了现在学生在人际沟通上存在的问题，用两条语气截然不同的短信给家长带来了震撼，让家长真正体会尊重与被尊重的感受，懂得了有效沟通的重要性。相信这次家长会一定会给家长们留下深刻的印象。何老师通过自己的智慧成功地引导家长关注学生的综合素质。

如果是我面对这件事，我将以学生自荐、同学和家长推荐、教师举荐的方式在班级中开展"最受欢迎的同学"评选活动，班级成立考评小组，由考评小组共同商议颁奖词，培养班级正能量；我还会面向班级的每个家庭，开展"失当语言大晒场"活动以及"春风语言"征集活动，让学生在反思和对比中经历，在经历中体验，在体验中感悟，在感悟中提升语言魅力，提高待人接物、为人处世的综合素质，同时引导家长走出只重视孩子的学习成绩、忽视对孩子综合素质培养的误区。

## ✦ 专业引领

著名的教育家苏霍姆林斯基曾经说："如果没有整个社会首先是家庭的高度素养，那么不管教师付出多大的努力，都收不到良好的效果。学校里的一切问题都会在家庭里折射出来，而学校复杂的教学过程产生的一切困难的根源也都可追溯到家长。"可以说家庭教育是学校教育的基石，而家长会是沟通学校与家庭，使学校教育与家庭教育保持密切联系、协调一致的有效形式和途径，是学校整个教育教学工作的重要组成部分。学生的养成教育在校园之外能否继续辐射和强化亦有待于家庭环境的配合，两者相得益彰才可能形成良性循环。何老师的成功沟通案例带给我以下三点思考：

1. 重视交流的前奏和铺垫

《大英百科全书》认为，沟通就是用任何方式，彼此交换信息。《韦氏大词典》认为，沟通就是"文字、文句或消息之交通，思想或意见之交换"。本案例的家校沟通是班主任为了设定的教育目标，以两条相同内容、不同措辞的信息为载体，在家长间传递信息、思想和情感的过程。何老师的两条短信和一杯冰红茶，活跃了气氛，营造了和谐真诚的氛围，为参加家长会的家长感受尊重、产生共情和同理心做了很好的铺垫，彰显了何老师"未雨绸缪"的教育智慧。

2. 以情感人，以理服人

班主任与家长有效沟通的基础是对学生的爱。每一位家长都是爱孩子的，只不过他的爱和老师爱孩子的方式不同罢了。这就需要老师和家长沟通。老师对孩子的真正的爱不仅孩子会感受到，家长也会通过一些事情深刻地感受到。我们要把沟通建立在热情、真诚的基础上。"金诚所致，金石为开"，班主任与家长真诚地沟通和交流，设身处地地为家长和学生着想，一定会让家长感受到教师的真心和责任感，一定会得到家长和学生的认可。无论运用何种方式、何种技巧与家长沟通，最为关键的是要以诚待人，以心换心，同时努力提高自己的道德修养和理论水平。

班主任采取不同的交流方式和语言，家长就会产生不同的心理感受。何老师在与家长沟通前先通过两条语气不同的短信唤醒了家长对孩子礼仪教育、交际能力的重视。何老师在等家长产生思想共鸣之后，引导家长要重视对孩子的文明礼仪教育，有理有据而非泛泛而谈，保证了沟通的有效性。

3. 要注意沟通后的反馈追踪

在与家长沟通后，何老师注意了解家长的感受和反馈，并在此基础上升华了自己的体验，增强了专业自信。但我认为一次成功的家长会并不代表教育的成功，必须注意沟通后的反馈跟踪。因此，沟通后教师要将孩子近期的表现，通过每日接送时间或电话、电子邮件、家访等形式与家长进行定期沟通，以检验效果，同时教师与家长双方都应及时肯定孩子取得的进步，对仍然存在的问题应寻找进一步的解决策略。另外，围绕学生的养成教育，对家长会进行系统思考和系列设计，把家长会办成家校互动交流的"沙龙式研讨会""家长困惑的解答会"，让家长会有计划、有安排、有针对性，让家长收获方法、收获策略、收获理解、收获合作、收获智慧。

一次成功的沟通，就是一次成功的教育。与家长沟通是一门艺术，也是一门学问，需要我们不断学习、不断探索，将所学融会贯通，运用自如，从而形成一套具有自己风格和特色的沟通方式，进而取得家校沟通的良好效果。

# 后 记

在北京市海淀区教委小教科的大力支持下，聚众多优秀班主任的智慧，这本小学班主任案例集得以问世。

本书 30 个案例，大部分来自海淀区教委组织的德育征文中的优秀案例。为本书提供案例的作者是：北京市海淀区中关村第四小学张腊华，北京市海淀区实验小学吴京燕、王薇、马连君，中国人民大学附属中学实验小学付莉、黄育红，北京市海淀区中关村第一小学宋雅晶、李荣霞、李松瑜，北京市海淀区民族小学富春媛，北京市育英学校袁凤芹、韩雪，北京市海淀区万泉小学于晓桓，北京市海淀区中关村第三小学刘淑艳、何凤华，北京市海淀区育鹰小学王迎春，北京市海淀区八里庄小学李秀娟，北京航空航天大学附属小学郭育新，北京石油学院附属小学张冬梅，北京市海淀区肖家河小学丁金明、高冲，北京市海淀区红山小学郑建忠，北京市海淀区翠微小学闫金兰。个别案例由于各种原因没有联系上作者。

参与"同行观点"的作者分别是：北京市海淀区万泉小学林波、高剑，北京市海淀区西颐小学李彦玲，北京市海淀区中关村第一小学李荣霞、陈静、李松瑜，北京市海淀区双榆树第一小学刘海明，北京市海淀区中关村第三小学刘淑艳、万霞，中国人民大学附属中学实验小学王娟，北京市海淀区巨山小学杜春焕，北京市海淀区双榆树中心小学苑宝禄，北京市海淀区彩和坊小学解志斌，北京市海淀区中关村第四小学王卫、张腊华、任全红，北京市海淀区培智中心学校曲丽云。参与"专家点评"的有：北京市海淀区教育科学研究所李秀萍、肖艳丽，北京市海淀区海淀学区司学娟，清华大学附属小学李红延，北京教育学院丰台分院德育研究室刘建，北京市海淀区万泉小学李春洁，北京市海淀区中关村第一小学刘锌。

本书分为 6 章，其中"小学生习惯培养""问题学生的教育""家校沟通"由司学娟总体负责，"幼小衔接""班级管理""关注青春期学生的变化"由李秀萍总体负责。全书由李秀萍负责统稿。

在书稿撰写过程中，我们得到了诸多优秀班主任和德育干部的大力支持，他们分享了很多优秀案例；华东师范大学出版社为本书的出版提供了极大的便利，责任编辑任红瑚女士为书稿提供了十分专业的指导，并进行了认真细致的审核，她的专业精神令我们十分感动。此书的出版离不开各个团队的大力合作，正是这种无私的精神使得海淀区班主任的工作智慧得以传播，在此一并表达真挚的谢意。

当然，班主任工作领域涉及方方面面，做好班主任工作不仅需要专业态度、了解当代学生的身心特点，更需要针对不同班级和学生特点采取针对性的技巧、方法和策略。30 个案例仅仅是"面"中的 30 个"点"，本书试图通过 30 个案例多角度呈现当前小学生的心理特点、行为习惯特点、价值观形成过程中的特点等，展现当前班主任在班级管理和班级建设过程中遇到的基础性、时代性的问题及挑战，希望能给大家参考和借鉴。当然，书中还有很多不足，恳请关注班主任工作的同人批评指正。

李秀萍

2013 年 11 月

图书在版编目（CIP）数据

班主任工作的 30 个典型案例 . 小学篇／李秀萍主编 . 一上海：华东师范大学出版社，2014.2

（大夏书系）

全国中小学班主任培训用书

ISBN 978 - 7 - 5675 - 1796 - 7

Ⅰ.①班 ...　Ⅱ.①李 ...　Ⅲ.①小学－班主任－工作－案例－师资培训－教材　Ⅳ.① G625.1

中国版本图书馆 CIP 数据核字（2014）第 029907 号

大夏书系·全国中小学班主任培训用书

# 班主任工作的 30 个典型案例（小学篇）

| | |
|---|---|
| 主　　编 | 李秀萍 |
| 副 主 编 | 司学娟 |
| 责任编辑 | 任红瑚 |
| 封面设计 | 翟　慧 |
| 责任印制 | 殷艳红 |

| | |
|---|---|
| 出版发行 | 华东师范大学出版社 |
| 社　　址 | 上海市中山北路 3663 号　邮编　200062 |
| 网　　址 | www.ecnupress.com.cn |
| 电　　话 | 021 - 60821666　行政传真　021 - 62572105 |
| 客服电话 | 021 - 62865537 |
| 邮购电话 | 021 - 62869887　地址　上海市中山北路 3663 号华东师范大学校内先锋路口 |
| 网　　店 | http：//hdsdcbs.tmall.com/ |

| | |
|---|---|
| 印 刷 者 | 北京季蜂印刷有限公司 |
| 开　　本 | 700×1000　16 开 |
| 印　　张 | 15.5 |
| 字　　数 | 158 千字 |
| 版　　次 | 2014 年 4 月第一版 |
| 印　　次 | 2024 年 3 月第十三次 |
| 印　　数 | 31 001-32 000 |
| 书　　号 | ISBN 978 - 7 - 5675 - 1796 - 7/G·7199 |
| 定　　价 | 35.00 元 |

| | |
|---|---|
| 出 版 人 | 朱杰人 |

（如发现本版图书有印订质量问题，请寄回本社市场部调换或电话 021-62865537 联系）